U0739720

家长如何面对孩子的

逆反心理

金 仓 编著

世人都是不完美的，都是"被上帝咬了一口"的苹果，
孩子当然更是如此。

煤炭工业出版社

·北 京·

图书在版编目（CIP）数据

家长如何面对孩子的逆反心理／金仓编著．－－北京：
煤炭工业出版社，2014（2017.4 重印）

（成功家教直通车）

ISBN 978－7－5020－4519－7

Ⅰ. ①家… Ⅱ. ①金… Ⅲ. ①青少年教育—家庭教育
Ⅳ. ①G78

中国版本图书馆 CIP 数据核字(2014)第 088819 号

煤炭工业出版社　出版
（北京市朝阳区芍药居 35 号　100029）
网址：www. cciph. com. cn
北京一鑫印务有限公司　印刷
新华书店北京发行所　发行

*

开本 720mm×1000mm¹/₁₆　印张 13¹/₂
字数 176 千字
2014 年 8 月第 1 版　2017 年 4 月第 2 次印刷
社内编号 7362　定价 26.80 元

前　言

　　处于青春期的孩子，叛逆的表现尤为明显，这和人体内的激素分泌有着密切关系。在青春期，激素使人体发生了变化，激素通过影响大脑神经元引起主管情感、决策等大脑区域的变化，从而引起大脑结构的重塑。这就是青春期"行为异常"的秘密。

　　生理的发育必然会引起心理的变化，但这一时期，孩子心理上的成熟却远远滞后于生理上的成熟。孩子一方面想摆脱父母，自作主张，但另一方面又必须依赖家庭。这个时期的孩子强烈要求别人把他看做成人，如果这时家长还把他当孩子来看待，他就会厌烦，会觉得自尊心受到了伤害，并产生反抗的心理和对立的情绪。

　　由于阅历和经验的不足，孩子的认识是不坚定的。虽然在看待问题时有其独立性、批判性，但往往会出现偏激、片面甚至极端化现象，做出一些极端的行为。

　　荷尔蒙的作用激发了孩子突破束缚、寻求自我的渴望，而来自各方面的因素，比如父母的过分期望、学业压力过大、社会不良现象的浸染等，都会加剧孩子叛逆心理的形成。特别是孩子在第三个叛逆期——青春叛逆期到来的时候，孩子的独立意识大大增强，已经不满足于老师和家长的说教，他想实现自我，过自己喜欢的生活。当这种思想和行为不被家长和社会认可时，他就会采取一些非理智的行为表示反抗，比如逃学、沉迷网络、离家出走等。

叛逆心理是一种抵触性很强的心理态度。"叛逆期"的心理、行为如果不及时矫正，会导致青少年多疑、偏执、冷漠、生活萎靡等。

孩子出现叛逆行为，是内在因素和外在因素综合作用的结果，并非孩子有意为之。可以说，叛逆不是孩子的错，而是孩子长大成人所必经的一环。他在躁动中寻找一种叫做独立的东西，他始终坚信，总有一天会找得到。所以他在一天天地寻找，也在一天天地长大。但让孩子真正长大的并不是他们找到了什么，而是因为他们经历了这个寻找的过程。而父母的任务就是要引导孩子朝着正确的方向前进，不要因为一时的冲动而使孩子走错了路。

本书正是认识到这一点，正视了这部分孩子的存在以及他的受教育权利。我们提出，叛逆孩子的挑衅行为是天性使然，是身心急剧变化或压力作用的结果，对于孩子的叛逆家长不能一味地指责和训斥，应科学有效地引导孩子。

本书具有较强的可读性和较高的实用价值，书中列举了大量发生在青少年身边的典型案例，并且结合案例分析提出了切实可行的建议，对家长、孩子、学校教师和家庭教育咨询人员都有很大的帮助，更是叛逆孩子的家长不可不读的佳作。

叛逆总要回归理智，冲动过后便是成熟。希望天下父母都能用理解、宽容和浓浓的亲情，守护叛逆的孩子健康、快乐地成长！

目　录

第一章
孩子为什么会叛逆

"我的孩子到底怎么了？"这是许多家长的疑问。孩子成长过程中出现的所谓"叛逆"其实并不是异常现象，也不代表孩子将来会一直叛逆下去，这是孩子成长过程中必然要经历的生理变化过程。叛逆心理的出现是在疯长的身体下，那颗躁动但未成熟的心，想摆脱父母，自己做主，独立愿望特别强烈，突出表现在多样的逆反行为。孩子的逆反心理，也与家庭环境氛围，教师不恰当教育方式有关，所以家长和老师也要予以重视。

一、疯长的身体

析案明理

不管是男孩还是女孩，进入青春期以后最显著的变化就是身体上的变化，青春期男孩的生理变化主要是指第二性征的出现，如长喉结、变声、遗精等。女孩生理变化的主要表现，如声音尖锐、音调较高、乳房丰满而隆起、骨盆横径增宽等。如果在第二性征还没有出现之前，父母就已经对其进行科学的指导，那么孩子就不会为这些改变感到紧张或者害怕。反之，孩子会存在很多的迷茫和困惑，需要父母的理解和帮助。

案例

李明今年15岁，青春期已经悄然而至。他经常照镜子，因为他老觉得咽喉不舒服，脖子都"鼓"起来了，声音也不像以前清脆了，有些沙哑。为此李明很苦恼，"我不是得了什么病吧？"他总是这样想。他很少出门，不得已非出门的时候，他也会找一件高领的衣服，来遮挡自己的脖子。妈妈对李明的行为很不理解，甚至觉得这孩子八成脑子出问题了。

一次，妈妈要带李明去参加朋友的聚会，并且为他买了一身特别好看的西装。可是李明说什么也不穿，妈妈对他说："这西装怎么了啊？多好看的衣服啊！看你身上的衣服，怎么能穿去参加聚会呢？"李明还是摇摇头，并且手死死地捏住自己的衣领，不让妈妈看。聚会马上就要开始了，妈妈没办法，只能亲自给儿子换衣服。妈妈生气地一把扯过李明，用力扳开他的捏衣领的手，可是李明却更加用力地捏着衣领，妈妈盛怒之下打了他一巴掌，并且大声地说道："你能不能不闹了？存心找打是不是？"李明还是死死地捏住自己的衣领，并且大声地喊道："不穿，不穿，就是不穿！"说完就跑了出去。

喉结的出现是男孩进入青春期很重要的一个标志。经过青春发育期以后的男性，由于雄性激素的作用，一般都会发生不同程度的喉结突出的现象。很明显，李明就是长喉结了，而且变声期也已到来。由于缺乏正确的青春期教育和科学的指导，他对自己长喉结的现象感觉很羞耻，再加上妈妈的粗心和不理解，造成李明不能正确看待自己青春期的变化，最后引发了母子冲突。

孩子进入青春期，生理变化在所难免，而生理变化会导致发生一些心理变化，所以父母要抽时间给孩子讲解一些青春期方面的知识，或者到书店为孩子选择青春期读物，帮助孩子对自己的生理变化作更加详细的了解。另外，父母还要时刻和孩子保持沟通，随时掌握孩子的心理动态，以便更好地应对孩子的心理变化。

专家支招

建议一：发现孩子有了生理变化，父母要积极和孩子交流

青春的懵懂是每一个人都会经历的，这是非常正常、非常健康的现象，所以根本就没有必要怀疑或者羞怯。可是很多刚刚迈入青春期的孩子面对自身的变化，由于知识的缺乏，再加上身体的"异样"，常常会产生莫大的"羞耻感"和恐惧感。作为父母，要及时和孩子保持良好的沟通，给他做好指导工作，帮助他了解必要的生理知识，以避免孩子出现严重的心理疾病。

案例

由于要去参加朋友的婚礼，妈妈很早就把小涛喊了起来。小涛起来以后，发现床单被自己弄脏了，他赶紧把床单扯掉。可是细心的妈妈还是发现了儿子的

"怪异"行为，她悄悄地告诉小涛的爸爸"儿子梦遗了"。

爸爸思考了一会儿，决定借朋友结婚这件事来给小涛讲一讲性知识，于是他来到窘迫的小涛身边，说道："儿子，你知道爸爸妈妈的朋友为什么要结婚吗?"小涛摇了摇头。爸爸接着说道："因为他们结婚以后，就可以合法地发生性关系，孕育下一代了。"爸爸接着向儿子讲述了人类的繁衍、婚姻观和人生观等方面的知识。通过爸爸的讲解，小涛终于明白自己的梦遗行为是每一个男人都曾经遇到过的，所以他也不觉得有什么可羞耻的了。

最后，爸爸对小涛说："欢迎你加入男子汉的行列!"小涛听到爸爸称呼自己为"男子汉"既欣喜又很骄傲，他向爸爸保证一定要做一个有爱心、有责任心、有本事的男子汉。

很多父母都有过带孩子去参加别人婚礼的经历，但是很少有父母借机为孩子解释两个人结婚的具体原因。大多数孩子也只知道两个人相爱了，然后就结婚生孩子了。小涛的爸爸就不一样了，他抓住朋友结婚这个机会对孩子进行了必要的性教育，让孩子对生命的孕育和人类的繁衍有了大致的了解，既消除了孩子对自己梦遗行为的羞耻感，也对孩子进行了恰当的性教育，帮助孩子树立了正确的人生观和婚姻观，同时也激发了孩子的责任意识。

建议二：孩子处于生理发育期，父母要重视情感交流并加以引导

处于青春发育期的孩子由于生理上的一系列变化，心理承受能力也变得较弱，甚至会存在一些心理问题。如果家长对这种问题不重视、不引导，很有可能使其发展成为心理疾病，轻者孩子会出现叛逆行为，重者对孩子的一生会造成不良影响。

案 例

正读初三的小华，由于早恋并且导致女孩怀孕而被学校发现，受到了开除学籍的处分。他在和父母"解释"的时候说道："你们没有资格埋怨我，今天的结果都是你们造成的。"爸爸骂道："你个混账东西，我们让你和人家早恋去了，

还是让你把人家搞怀孕了啊？"小华理直气壮地说道："你们没有让我那么做，但是就是因为你们对我的漠不关心，我才会去那么做的！你们整天除了给我钱，管我吃穿，问过我心里的感受吗？当我碰到困惑、难题的时候，你们都在哪儿啊？我怎么知道那样她就会怀孕啊？现在出事了，你们来埋怨我了，早干嘛去了？"爸爸被小华堵得说不出话来，他意识到自己作为家长的失职。

　　后来，爸爸为小华找了一所学校让他继续读书，为了不让小华重蹈覆辙，他开始注意和孩子加强沟通。渐渐地，小华与父母的隔阂消失了，人也变得积极起来。

　　情感交流是人类的本能需求。青春期的孩子发现自己身上的诸多生理变化，会产生想与父母沟通的强烈愿望，这时如果父母推脱自己工作忙而忽视孩子的需求，就有可能引起孩子的逆反心理。所以，父母要懂得适时把握与孩子进行沟通的机会，集中注意力倾听孩子的心里话，或者多陪孩子参加他感兴趣的活动等，以便和他拉近距离，时刻了解他的动态，避免孩子在这一关键期迷失方向。

二、 一颗躁动的心

析案明理

进入青春期的孩子，最显著的特点就是富于变化。生理上在变，他的身体日渐发育成熟；心理上在变，独立意识更加强烈；情感上也在变，他变得敏感，有时候也会有一些情绪……所有这一切变化都说明他不再是小孩子了。

这时候的父母也发现，孩子不再是自己印象中的乖宝贝了，他形成了自己的观点，意见不合时甚至和父母"对着干"，在心理上不再依赖父母。这个时期在心理学上称为"心理断乳期"。

这一时期的孩子在心理上常常表现为矛盾的状态：他一方面想要摆脱父母，为自己做主；另一方面又很依赖父母。由于生活经验和知识的缺乏，他不能恰当地理解自尊，对父母无微不至的"关怀"产生厌烦，觉得自己的自尊心受到了伤害，继而产生叛逆心理，变得和父母对立起来。如果父母采用不恰当的管教方法，那么，他的叛逆心理会更加强烈。

案例

小辉很讨厌自己的父母，觉得他们都很烦。他上了中学以后，父母每天跟他就是念叨学习，为此，小辉不止一次地反抗过。可是爸爸和妈妈都说："你知道什么？我吃过的盐比你吃过的饭都多，你还不识好歹了！"爸妈的独裁让小辉产生了叛逆情绪，他一再地和父母强调自己已经不是一个小孩子了，但是父母却熟视无睹。

现在小辉最讨厌的地方就是家里，经常连续几天不和父母说一句话。每天放学以后，他就到附近的广场上玩儿或者去网吧玩游戏，一直到夜里才回家，这样就可以避免父母在他的耳边唠唠叨叨了。但是，他这种做法又引起了父母的强烈不满，小辉怎么看父母的行为都不"顺眼"，想方设法地找茬儿，顶撞父母，让父母难堪，可是事后又非常后悔。他也明白自己的行为是错误的，可是当时就是控制不住自己的情绪。

很显然，小辉已经进入心理断乳期。他对父母的行为很看不惯，而且对父母关心自己的行为表现出莫名的反感，做事冲动，常常让父母觉得难堪，事后却又会后悔自责。这些都是孩子进入心理断乳期的典型特征。

随着知识面的拓宽，生活经验的增加，青春期孩子的内心世界也丰富起来，他逐渐形成了自己的价值观。如果父母不能理解孩子的这一心理变化，一昧地把自己的价值观生搬硬套在孩子的身上，就会迫使孩子产生叛逆的情绪和行为。

专家支招

建议一：理解孩子的心理变化，包容其"反常"行为

很多父母都发现：孩子上了中学之后就像变了一个人，他开始出现一些"反常"行为。他开始和父母"隔心"了，他不愿意什么都告诉父母，什么都听父母的，有时候他更愿意把自己的心事和朋友、同学分享。不仅如此，他的独立意识也增强了，自己事事都有主张，处处表现出一副大人的样子。于是，他对父母也冷淡了，经常三句话不到头就已经和父母吵起来了，甚至离家出走，这让父母既伤心又非常无奈。

案例

小军一直是一个跟父母很贴心的孩子，可是上了初中之后他就变了，他开始喜欢自作主张。前段时间把爸爸送给他的生日礼物——自行车借给了同学，但自

行车被送回来的时候已经"毁容"了，父母特别生气，忍不住骂了他。可是小军却振振有词："我乐意！那是送给我的生日礼物，它是我的，我喜欢把它借给谁就借给谁，你们管不着！"听到这话，爸爸气得忍不住抽了他一巴掌。没想到他为此怀恨在心，竟然带着一些衣服离家出走了。

父母找了很多地方都没有找到他，没办法就报了案。在小军出走后的第四天，警察在一家商场的地下通道找到了他。由于离开家的时候身上也没有带钱，无奈之下小军做起了乞丐，在地下通道靠乞讨为生。父母看到儿子狼狈的样子非常心疼，赶紧向小军道歉，并且保证以后会尊重他的自由，小军这才跟父母回了家。

小军上了中学之后，喜欢自作主张，顶撞父母，有严重的叛逆心理和行为，这些都说明他已经迈入了青春期。青春期孩子在心理上要经过脱胎换骨的蜕变之后才会成熟。小军的叛逆行为是蜕变过程中的必然现象，而小军的父母并没有认识到这一点，盲目地指责、打骂孩子，这必然会引起他的不满。

因此，作为父母，要理解孩子在青春期的心理变化，并且懂得包容其一反常态的行为。这一时期的孩子心态不成熟，做事容易冲动，如果父母也很急躁，那么就容易和孩子发生冲突，影响和谐的亲子关系。所以，父母遇事首先要冷静下来，通过和孩子平等沟通，洞悉孩子内心的想法，了解孩子突然变化的原因，这才有利于从根本上解决问题。

建议二："满足"孩子的独立愿望，让其在实践中明白道理

处于心理断乳期的孩子，独立自主的意识非常强烈，凡事都有自己的想法和观点，但是由于生活经验和社会经验都比较少，他的想法往往不科学，甚至有些偏激。针对这种情况，父母不要急于指出他的不足，或直截了当地批评他，这样会让他感觉很没面子，有可能激起他的逆反心理，使双方的沟通陷入僵局。因此，父母不妨让其在实践中体验和学习，让其在实践中逐步成长。

案 例

王刚开车带儿子去游玩儿，在街上吃饭的时候，儿子看上了一辆自行车一定要王刚买给他。王刚对儿子说："儿子，不是老爸舍不得给你买，而是这样的自行车太大了，我的车后备箱根本就容纳不了它。"儿子听后很不高兴，说道："还说你不是舍不得，就是抠门，这一辆自行车能有多大啊，你的车怎么就装不下？你要是把它给我买回去，我就跟你回家，要不然我就不走了。"说着，儿子坐在了商店的门口，引来很多来往行人的目光。王刚觉得特别尴尬，可是如果买了真的是不方便带，他转念一想，对儿子说道："我可以给你买自行车，但是如果我的车装不下它，那你就负责把它骑回去。"儿子听后非常高兴地就同意了。

王刚为儿子买了那辆自行车，果然不出所料，自行车根本就不能放到车里，没办法，儿子只能骑着它回去了。一路上，王刚开着车跟在儿子的后面，儿子骑得满头大汗，王刚也没有帮他。回到家以后，儿子直接扑到他的床上，一会儿就进入了梦乡。

这件事让儿子感触很深刻：不听大人言，吃亏在眼前啊！

在案例中，王刚知道儿子不会轻易地向自己妥协，所以采取了让孩子亲自实践的办法，既有效地避免了和孩子之间发生直接的冲突，也让孩子深刻地认识到了自己的错误。可以想象的是，在孩子体验过这一次的辛苦之后，下一次他一定会认真对待长辈的建议了。

三、 我的地盘听我的

析案明理

　　青春期的孩子都渴望独立，就像是一匹野马，讨厌缰绳的束缚。他认为自己已经长大了，有了自己的想法和主张，不需要父母在旁边"指手画脚"了，所以他常常反抗父母的安排和管制，拒绝父母向自己灌输任何思想，并且希望能够离父母远远的。这就是青春期孩子强烈的独立愿望。

案例

　　今年刚升入初中的小明在自己的电脑屏幕、书桌上等处都张贴了便笺：我的地盘听我的！就连房间的门上也是如此。从前不"轻易"洗脸的他，每天恨不得洗三遍，而且还要往脸上涂抹各种洗面奶。现在就连他的"品位"也改变了，从前妈妈的品位就是他的品位，现在他嫌妈妈的品位太老土，妈妈给他买的衣服，他也不穿了，而是自己买一些时尚而充满个性的衣服；他的课余时间也不再遵从父母的安排了，一问他要干吗去，他会说"我有安排"，然后就走了，不到夜里是不会回来的，有时甚至身上满是酒味儿，父母追问，他会说"这是应酬"。

　　不仅如此，小明最近还经常顶撞父母，惹父母生气。只要父母和他有不同意见，他一定会坚持自己的，父母的建议一点也听不进去。如果父母把话说得重一点，他就夜不归宿，以示抗议。他不止一次地说他不喜欢家里的这种氛围，再在这种氛围中生活的话，迟早会被憋死。儿子为何变成这样了呢？小明的父母非常纳闷。

小明的种种行为，都是他独立意识觉醒并且日渐强烈的外在表现。随着孩子进入青春期，他渐渐发现父母并不是完美的化身，有很多问题父母也不能给出正确的答案。这种情况下父母原来的权威便受到了挑战，孩子时不时地开始反抗父母，这是孩子独立愿望增强的表现。

进入青春期以后，孩子都会产生一定的独立意识。独立意识是个体由于自我意识的觉醒而产生的一种长大成人的意愿。有了独立意识的孩子认为自己长大了，并且有了自己的想法和主张，渴望自己能够独立出来，这就是独立愿望。产生独立愿望，是孩子从不成熟到成熟的重要转折点，对孩子的心理成熟起着非常重要的作用。但是人的成长和成熟需要经历一个过程，不是一蹴而就的。所以，虽然孩子产生了强烈的独立愿望，但是并不代表他成熟了。实际上处于这一阶段的孩子，既渴望独立，又不可避免地要依赖父母，这种矛盾在孩子的内心纠结着，成为他成长过程中的一大烦恼。当孩子的独立愿望不能完全实现，自我成长受到阻挠的时候，他就很容易产生叛逆的心理和行为。

这时，父母要理解孩子并且顺势对其进行引导，以激发出他潜在的能力，让他做最好的自己，帮助他尽快地成长和成熟起来。

专家支招

建议一：和孩子平等沟通，满足他的独立需求

很多父母都知道孩子在小的时候，会经常和他们进行沟通，但是等孩子进入青春期以后就很少和他们沟通了，大多数父母认为这时的孩子已经不那么需要和自己沟通了。其实，这是一种错误的思想。不管孩子多大，即使成年以后，孩子的内心深处仍渴望和父母保持沟通，因为亲人的关心和理解是任何人都替代不了的。所以孩子进入青春期以后，父母仍要和孩子保持沟通，而且是平等的沟通，通过沟通了解并理解孩子的独立需求，尽最大可能地帮助孩子顺利度过青春期。

案例

乐乐上初中了，他以前一直都很听话，可是最近妈妈发现他在很多事情上都表现出独立的愿望。注意到这一现象之后，妈妈意识到孩子长大了，她在和乐乐沟通的过程中更多地倾听并捕捉乐乐的需求，然后提供合适机会，尽量满足他的需求。

比如，妈妈在沟通过程中了解到乐乐不喜欢每天上学出门的时候妈妈追着给他添加衣服，这样让他觉得自己就像一个小学生。经过几天的思考之后，妈妈和乐乐约定，只要他每天都看天气预报，并且在上学之前能够把衣服穿好，那么妈妈就不再干涉乐乐穿衣服的事情。从那以后，乐乐每天都很乖地做到了，妈妈也没再管过他穿衣服的事情。当然，乐乐也没有再抱怨过。

沟通不仅可以让父母了解到孩子的内心想法，也可以让父母及时地了解孩子的独立需求，并且提供机会满足他，让孩子尽早独立、成熟。

建议二：站在孩子的角度，理解他的独立愿望

其实进入青春期以后的孩子都会产生这样的感受：觉得自己长大了，不管是什么事情都可以自己独立解决了。所以，父母的关心变成了没滋没味儿的"废话"，老师在心目中的形象也不像以往那么高大了，就连从小在一起玩儿的弟弟妹妹也觉得很幼稚，很令人讨厌。所以，这种情况下父母要学会站在孩子的角度来理解和尊重他，而不是看似关心，实则唠叨不断。

案例

王猛升入初中之后，就变得很独立了。不管什么事情，只要属于自己的，他都不允许父母干涉。幸好父母了解儿子的性格，一般都会放手让他去做。

要过年了，妈妈打算重新布置一下家里。王猛知道了以后声明"我的地盘我做主"，第二天去买了一些看上去很恐怖的海报，然后把它们贴在墙上来"美化"自己的房间。他还把自己房间的物品重新进行摆设，比如他把自己的书桌挪到了门后，而把书架挪到了床附近，这样他在床上躺着的时候就可以拿书看了。

妈妈看到了，虽然担心王猛会常常躺在床上看书影响视力，但她还是尊重了儿子的安排，为的就是满足孩子"独立"的愿望。

但是，过了几天之后，妈妈告诉儿子很多孩子都是在青春期开始近视的，然后越来越严重，所以一定要注意养成良好的生活习惯，以预防近视。王猛也非常讨厌鼻子上架着眼睛，所以他也愿意听从妈妈的建议。于是，妈妈和王猛一起上网查阅了关于预防近视的资料，这时王猛才知道，自己躺在床上看书很有可能会导致近视。为了改正自己躺床上看书的习惯，王猛过后又把床附近的书架挪开了。

在王猛看来，自己的地盘就应该自己来规划，所以当妈妈要重新布置房间的时候，他强调他的房间自己布置。妈妈了解儿子迫切想要独立、表现自己的心理，所以虽然发现儿子的布置有问题，但是仍然夸奖了他，这让王猛增强了自信心，之后妈妈的帮忙让他自觉地认识到了自己那样布置的弊端，并且改正了过来。可是如果起初妈妈不让王猛独自布置房间，或者在了解到王猛布置的弊端之后坚决地否定，那么一定会引起王猛的反感。王猛会觉得妈妈不信任自己，觉得自己没有布置房间的能力，这样他就会产生叛逆心理和行为。

每个孩子都希望父母能够理解自己的独立愿望，但是很少有父母能够做到，导致孩子责怪父母不了解自己，不信任自己，从而影响了亲子关系的融洽。因此，父母要懂得站在孩子的角度，理解并且适当地满足孩子的独立愿望，帮助孩子更加成熟。

建议三：利用孩子的独立心理，培养他的个性

青春期是孩子成长的关键时期，在这一阶段他会明显地表现出强烈的独立愿望，父母可以利用孩子渴望独立的心理来帮助他形成自己的个性。

案例

小宇看到邻居家的孩子穿着一条绿色的牛仔裤，非常喜欢，而自己的牛仔裤都是蓝色的，所以他向妈妈提出买绿色牛仔裤的请求。妈妈知道如果这个时候直

接否决儿子的请求，那么他一定会很生气，并且会埋怨自己，所以就决定带他去店里买一条。

店里的牛仔裤有四种颜色——绿色、蓝色、红色和黑色，妈妈让小宇自己挑。小宇觉得自己可以判断哪一种颜色更适合自己，所以就认真地挑起来，还边挑边琢磨：蓝色的太俗气，我不要；黑色的太暗了，一点活力都没有，我也不要。这样想着，他的眼睛在绿色和红色之间徘徊。这时，妈妈说："儿子，妈看你浑身上下都洋溢着青春的气息，你认为青春是什么啊？""个性呗！"小宇随口回答着，转而又对妈妈埋怨道，"到底是我买裤子还是你买裤子啊？"妈妈赶紧说道："你买，你决定。"小宇又想了想：绿色的邻居家的孩子已经穿过了，如果我也买这种颜色的话，那他一定说我在学他。最后，小宇很确定地拿了红色的裤子交到妈妈手上。

回到家以后，小宇立即把新买的裤子穿上，然后找朋友玩儿去了。回来吃饭的时候，他欣喜地对妈妈说："妈，你知道吗？我朋友都说我有'个性'呢！""噢？"妈妈假装不明白。"因为我穿了一条红色的裤子啊！他们说我很个性，而且说我眼光很好。"妈妈听后对小宇说道："妈也觉得呢，我儿子眼光就是很'个性'，所以注定了以后会不平凡。"小宇也接着说道："妈，我想好了，以后我要把我的个性发挥出来，不走寻常路！"

当小宇为了"做主"而做主的时候，妈妈没有强硬地与孩子争着做主，而是利用这次机会，帮助小宇形成自己的个性，并且让他喜欢上自己有个性的感觉。这种做法既避免了两种思想碰撞到一起时产生"火花"，也有效地培养了孩子的个性。

四、 父母向左， 孩子向右

析案明理

或许大多数父母都能发现，孩子从小学升入初中后，似乎各方面的问题多了起来，无论是学习上的、生活上的，还是与父母交流等方面的。很多父母都发出这样的感叹：孩子怎么变成这样了呢？怎么不如小时候听话了呢？是的，孩子从小学升入初中各方面的确发生了不小的变化，而且他的确变得越来越"不听话"了，对父母不再言听计从了，女孩不像以前的"乖乖女"了，男孩不像以前的"乖宝贝"了。这令很多父母想不通，其实这没什么可大惊小怪的，这是因为孩子进入了青春叛逆期，是孩子很正常的表现，只不过需要父母"因时制宜"，调整一下教育方法就可以了。下面我们先来看一个案例，看看这位妈妈是怎么说的。

案 例

最近一段时间，我发现儿子好像变了一个人似的，说什么都不听，似乎处处想跟我们作对，几乎天天跟我们恃气。这不，刚进 11 月份，"战争"就爆发了，我老公打了儿子，虽然按理说不该打儿子，可是儿子的变化真的伤透了我们的心。这个学期我的儿子学习成绩一而再再而三地退步，加上青春期的叛逆，他脾气也大了，不管我们跟他说什么，他都听不进去，软硬都不吃。那段时间，我们这些"活闹钟"也不管用了，早上叫他起床，往往是喊了十几声他才会"嗯"

一声，接着还蒙头大睡。今天居然和我们说不想去上学了，原因是起晚了，我们再劝他，他却很不耐烦地说："我的事不用你们管!"我听了这话，心里的滋味就甭提了。14年来，我和老公辛辛苦苦、起早贪黑地工作赚钱为的是什么？不就是让他生活得更舒适，学习条件更好一些吗？今天居然对我们说这样的话，孩子的不理解让我们心寒啊!

有很多父母认为叛逆是孩子进入青春期的"标志"，孩子叛逆说明他正在成长，然后孩子有需要就尽力去满足，听之任之。这种做法显然无益于孩子的健康成长，甚至起反作用。众所周知，青春期青少年身体以及心理变化迅速而明显，在这个时期，孩子从身体、外貌、行为模式、自我意识、社会价值观等方面，都脱离了儿童的特征而逐渐变得成熟起来，各方面也更为接近成人。这些迅速而明显的变化，会使他产生困扰、不安、焦虑、叛逆等心理问题，甚至有不良行为，进而产生不良后果。因此，青春期的孩子更加需要父母的关心与呵护。青春期是长身体、长知识，形成人生观、价值观的关键时期，作为父母应该在帮助孩子把握人生方向、树立人生理想上起到积极的作用。

专家支招

建议一：理性对待孩子的逆反行为

孩子小时候很听话，进入青春期后突然变得不听话了，这令很多父母十分纳闷，也很生气。尤其是当孩子的青春期和妈妈的更年期撞在一块儿时，这种母子间的矛盾就会更加尖锐，双方之间有时"剑拔弩张"，就像一触即发的火药桶。这种情况下，对父母而言最好的办法就是遇事要淡定，要淡然看待孩子的种种叛逆行为。

案例

我儿子小鹏今年15岁，因为懂事听话经常得到亲戚朋友的夸奖，我和老公都感到非常骄傲。但是最近原本乖巧的孩子不知道是怎么了，变得很顽皮，他爸爸的话他也不像以前那样听了，而且不知道跟什么人学的，开始顶嘴了。我和老公都是脾性温顺的人，从没有吵过架，和长辈顶嘴就更不可能了。最近学校老师说，小鹏上课经常用弹弓打人，不管是男同学、女同学，打伤人也不道歉。每一天我去接他放学的时候都有家长为此追上来讨说法，我只能不住地道歉和赔医药费。现在小鹏在学校的好朋友越来越少了，甚至有些同学开始讨厌他，我和老公真的都很着急。

万般无奈之下，我们带孩子去看了心理医生。医生告诉我们说："你们也不用太着急，孩子现在是处于青春期，这些行为属于青春期的正常现象，作为家长首先要保持平和的心态，多和孩子沟通，在尊重和理解的基础上多引导他，帮助他顺利度过这段时期。"

想必很多父母都有这样的感受，孩子本来是很乖巧听话的，一直让人感觉贴心暖背。父母在外面辛劳了一天，回家之后，孩子甜甜地呼唤一声，或者端来一杯水，帮父母捶捶背，都会让父母的疲倦消失。但是有一天孩子突然变得顽皮，在学校里只会惹麻烦，回家以后也不听话，这时候父母就会感觉又着急又窝心。

伴随着生理上的日渐成熟，孩子在心理上也会觉得自己长大了很多，这时他们就有了强烈的独立意识，而且时时都想向大人证明自己不再是一个小孩子了，而是一个不容忽视的"大人"。为了显示自己的与众不同，引起别人的注意，他就会表现得与人格格不入，甚至不惜一切搞破坏或恶作剧，小鹏的事情就属于这种情况。遇到类似问题，父母要理解孩子的这一心理，心态放平和，不要激起他的逆反行为，以便引起更大的麻烦。

建议二：给孩子一定的自主权利，适当满足他的"大人"瘾

父母要懂得给孩子自由的空间，在一些事情上可以让其"自治"，以满足他的"大人"瘾。当然，即使孩子在中途做错了什么事情，父母也不要怪罪于他，而是要尽全力地理解他、支持他，并且引导他在错误中积累更多的经验，为成功做准备。

案例

读初三的刘成非常喜欢玩电脑游戏，但是父母担心他因此而影响学习，所以禁止他玩，并且给他制订了各种学习计划，如每天要做多少习题、记多少单词等，这引起了刘成的强烈不满。他想，既然父母这么挖空心思地逼他学习，他就不能让父母如愿。因此刘成每天在家都装模作样地学习，但是到了学校之后，上课就趴在桌上睡觉，下课就出去和同学玩，结果成绩一落千丈。

虽然刘成心里也明白父母是为他好，但是他就是喜欢看着父母干着急的样子，谁让他们自作主张安排学习计划逼迫自己学习呢？后来他的班主任了解到这一情况，然后找他的父母谈了谈。在班主任的帮助下，父母意识到不能一意孤行地为刘成安排学习计划，应当和他商量着来，或者让他自己安排学习时间和游戏时间。父母认为有道理，于是采纳了班主任的建议。后来，得到父母的"格外开恩"后，刘成非常开心，自己制订了一套学习计划，玩的时间和学习时间合理搭配，渐渐地，他的叛逆行为有所收敛，学习成绩也有了提高。

很多青春期的孩子很想过把"大人"瘾，加上逆反心理在作怪，他为达目的便"故意"气自己的父母，希望父母能够给他一定的自主权，让其自由发挥，刘成就是这样的孩子。了解了孩子的这一心理，父母应当多给孩子一些自主的权利。

建议三：孩子叛逆，重在理解不在批评

孩子不听话时，很多父母都会很生气，甚至用各种办法来压制孩子，结果非但没有压住，还导致孩子出现了逆反心理。虽然孩子在青春期出现逆反心理，存在叛逆行为都是普遍现象，但是如果处理不善，很有可能会影响和谐的亲子关系，不利于孩子的健康成长。

案例

洋洋最近喜欢上了周杰伦，上课不好好听讲，回到家就扎进自己房间听周杰

伦的唱片，根本就不把书从书包里掏出来，更别提做什么家庭作业了，为此他的成绩直线下滑。

不仅如此，从发型到穿着，洋洋处处都模仿周杰伦。因为周杰伦不爱说话，原本很开朗的他故意学着不爱说话，无论谁和他说话，他都尽量置之不理。爸爸问他为什么这么做，他就说："跟周杰伦学的，这叫酷!"爸爸告诉他周杰伦那是"明星的个性"，说话都说不清楚，语言表达能力一定很差。洋洋却说爸爸在诋毁自己的偶像，并且要和爸爸"断交"，这让爸爸很无语。

经过一段时间的"敌对"之后，爸爸改变了对周杰伦的看法，甚至还和儿子一起去"追"周杰伦，这样父子俩之间的关系才缓和了过来。

青春期孩子一般自控能力都不强，喜欢感情用事，是非观念也不及成人。因此，孩子犯了错误之后，作为父母要做到理解孩子，然后逐渐引导孩子从盲从中解脱出来，切不可胡乱批评指责孩子的行为，以免激起孩子的叛逆心理，让亲子关系陷入不和谐状态。

另外，如果父母能够先对孩子的行为或者进步给予肯定和表扬，然后再指出其不妥之处，孩子会更愿意接受。

五、 我想有个温暖的家

析案明理

　　家庭是孩子社会化的第一场所，家庭的结构、家庭的教育方式和教养态度、父母的文化和思想道德素质等都会对孩子的健康成长产生极大的影响。父母是孩子的一面镜子，孩子是父母的影子。人最初的道德观念、为人处世的准则都是在家庭中得到的。孩子没有与社会接触交往的经验，首先教他认识周围人和事的是父母。父母怎样对待生活、工作，怎样与邻里朋友相处等，都会在孩子的头脑中留下深刻印象。

　　如果父母对生活充满热爱，个性品质健康向上，思想感情积极热情，观念信仰正确，风俗习惯有趣活跃，便会使孩子生活在一个积极向上的家庭环境当中，从而造就孩子良好的个性和行为习惯。

　　总之，环境是产生和激发孩子叛逆心理的重要因素。如果家庭环境和谐，就不会激发孩子的叛逆性，孩子与父母沟通无障碍，就能避免很多亲子间的矛盾。如果家庭关系紧张而压抑，那么孩子很容易出现人格扭曲和叛逆心理。

案例

　　小媛的父母在她12岁那年离异，由于妈妈没有生活经济来源，她就跟爸爸一起生活。后来，爸爸迷上了赌博，除了每月给她点生活费外，就对她不闻不问了。从此她就只能跟着年迈的奶奶生活。

初中毕业后，小媛考上了一所职业学校。奶奶80多岁了，无力管教她，因此她每天跟着学校里的一帮同学四处玩乐，还认识了许多社会上的男青年。之后，小媛在网上结识了一个男生，并且和他发生了一夜情，没想到就怀上了孩子。

一开始，年少无知的小媛并不知道自己怀孕了，只是感觉自己变胖了。正好当地一家医院的少女门诊开展"少女援助"活动，医生来学校为他们讲解有关青春期的性知识，才使她如梦初醒。

心理学的研究表明，从小失去父爱的男孩子往往变得胆小怕事，性格内向，怯懦封闭，缺乏竞争的勇气，办事优柔寡断，只求暂时满足，缺乏远大抱负；对女孩子来说，失去父爱会让她对男性产生陌生感，常常惧怕被男性抛弃，因而不肯接受男性，甚至滋生出对男性的仇视或报复心理。母爱更多的是给孩子情感上的慰藉，如果缺乏母爱，孩子常常会性格孤僻、个性执拗古怪而缺乏人际交往能力。

很多时候，父母总是责怪孩子太过任性无知，但父母是否想过，也许孩子也是受害者呢？就像小媛，正是由于父母疏于管教，没有正确加以引导教育，才走错了路。

专家分析，类似小媛的情况多发生在贫困或单亲的家庭中。因为在那种家庭环境中，一些家长本身自顾不暇，根本谈不上对孩子进行青春期的教育。在那些单亲父亲的家庭中，性的话题就是一种禁忌。从家长那里，女孩的性疑惑得不到任何科学的解答，她的生理知识往往是一片空白，因而无从谈及性的自我保护意识。

专家支招

建议一：家长要尽力提高自身的文化层次

家长是学生的第一任老师，家庭是学生成长的第一课堂，家长的文化层次、品位高低直接影响到家庭文化层次和品位的高低，影响到对子女教育的行为、思想、态度和途径，这是良好的家庭教育形成的基础和前提。家长应该通过多种途径来加强自己的文化修养，培养自己良好的学习习惯，摈弃不良的嗜好，以自身积极向上的形象来影响子女，发挥家长作为学生老师的榜样作用和效能。

当然，家庭文化并不等于家长的学历和拥有的知识程度，但又与家长的文化素质、心理素养有着密切的联系，就像知识分子的子女未必能成才，而面朝黄土背朝天的农民子弟亦可成为高才生一样。这里除了天赋以外，还与家庭文化所熏陶出的子女的心理素质有关。

建议二：加强家庭文化氛围的营造

积极的家庭文化氛围是孩子健康成长的精神营养。家长要在家庭当中营造学习型的家庭文化氛围，有条件的家庭可以设立一个小书房，可以每年订阅一些报刊和杂志。在工作、学习之余，在茶余饭后全家人都可以坐下来读点书报，久而久之，孩子便养成了爱学习的习惯。

案例

伯特兰·罗素是20世纪英国著名的哲学家、数学家、逻辑学家、历史学家，也是西方最著名、影响最大的学者和和平主义社会活动家之一。罗素一生努力探索、艰苦劳作，著作71种，论文和其他文章也很多。他文思敏捷，著作涉及哲学、数学、政治、伦理、教育、文学、社会学等各个领域。罗素还积极从事社会活动，反对侵略和压迫，伸张正义事业，维护世界和平。罗素一生的活动和事业都为世人瞩目，人们也给予了他高度评价，而罗素的成才正是家庭潜移默化的结果。

1872年，罗素出生在英国蒙默里郡特雷莱克的一个贵族世家。罗素的祖父是英国自由党的首脑人物，并曾经两度出任英国首相。罗素出生后不久，父母相继去世，祖父母承担起培养孙子的责任。

这是一个有很高文化修养的家庭，家庭里有着浓厚的文化氛围，人人彬彬有礼，平日来的客人聚在一起总爱探讨学问和讨论社会问题。祖父经常教诲孙子好学上进，正派做人；祖母也是一个知书达理、很有修养的人，她笃信宗教、恪守教规，教导孙子要经常反省自己的过失和愚蠢行为，她在政治上持自由主义观点，这些都对罗素有很深的影响。

同时，罗素的家里广有藏书，这是孕育一位伟大思想家的宝库。罗素博览群书，埋头苦读，汲取着丰富的知识营养。另外，他11岁开始从哥哥那里学习欧几里得几何，他的外籍保姆和家庭教师从小就教罗素学会了几种外语，使罗素大大扩展了获得知识的途径。

世界上有不少人将罗素视为伟大的圣哲，是因为他为人类社会与文化作出了伟大的贡献。而古今中外任何一位有成就的人，都带着其成长的家庭的显著烙印。

以上案例中，罗素的成才正是家庭潜移默化的结果。家庭的精神文明是多方面的，语言文明、人际和谐、窗明几净、相互尊重、邻里和睦、美德治家等。要给孩子潜移默化的积极影响，绝非父母的人为装饰、布置或是完全的"演戏"，而必须是孩子感同身受、习以为常的，这样才能达到抛砖引玉的效果。

六、 学校不是我的乐园

孩子叛逆，不仅是一个让父母头疼的问题，也是让学校和老师感到很棘手的问题。有些孩子表现出对学校以及整个教育体制的一种不认同、不信任的反向思考和无端否定，对老师的教育极度反感，很在乎个人的自尊心或面子，有时故意在课堂与老师抬杠……而反思这些现象，其实与当下的教育体制和学校、老师的一些不恰当的教育方式也有很大关系。

学校是青少年成长社会化的主要环境，学校的生活环境、教学方式、师生关系等对学生的影响非常大。12—18 岁左右的学生正处于叛逆期，如果学校及老师的教育方法与手段不当，会让年龄尚小的孩子感到不适应甚至产生厌恶心理，使孩子由苦学、厌学、逃学发展到叛逆和反抗。因此可以说，学校的教育环境也是影响青少年心理、导致他产生叛逆行为的原因之一。

学校在教育指导思想的偏离和方法上的不当，会引起学生的叛逆心理，如形式教育报喜不报忧、夸大成绩而挑剔缺点、不尊重和体谅学生、传统的"填鸭式教学"、不注重孩子个体差异性的存在等问题。这些使得教育从内容到形式出现照本宣科、呆板乏味的现象，从而让学生对我们的教育产生反感或心理上的逆反。

教师在施教过程中，如果不尊重青少年学生，不顾及他们的心理感受与体验，当他们出现问题时不是站在青少年的角度去分析，而是一味地强调师道尊严，就会导致他们因对教育者本身的排斥，进而对整个教育体系产生逆反心理。一些教师在对待学生的性格、能力、成绩等方面不能进行客观评价，过于注重分数，对学生的一点小错揪着不放，让学生认为老师对自己失去信心，从而使他们在情感上与老师产生对立。

以考试交白卷、退学、出书抨击应试教育等"另类"方式对现行教育方式进行反抗的学生不在少数，而每当出现这种现象，很多人就会想到一个标志性的人物——韩寒。

案例

在老师眼中，韩寒是一个骨子里特别反叛的人。1998 年，还是高中生的韩寒在"新概念"作文大赛以文章《杯中窥人》获一等奖，其文笔老练、语言犀利，引起社会关注。之后，他退学专心写作，2000 年出版长篇小说《三重门》，至今销量达到了五百多万册，是中国近二十年来销量最大的文学类作品。

随着互联网的发展和新媒体的出现，如博客的兴起，韩寒借此一如既往地诠释着自己的"叛逆"，其影响力也越来越大。他从一个叛逆少年变成公认的公共知识分子和意见领袖。2010 年 4 月，韩寒得到近一百万的投票，与奥巴马、比尔·盖茨等人一同入选《时代周刊》"全球最具影响力一百人"，引起舆论一片哗然。

叛逆、藐视高等教育体制、调侃权威成了韩寒的标签。对于韩寒的一举成名，教育专家曾说，"韩寒热"的大时代背景是对高考教育制度的反思，因为当时一些人对千军万马过独木桥的这一高考机制表现出了非常大的抵触。

韩寒的叛逆是当前中国应试教育体制之下学生反叛心理及动机的一个缩影。而如今，"追随"韩寒的年轻学生似乎也越来越多了。

案例

2009 年 4 月 23 日，华师一附中举行高二年级语文期中考试。看到作文题目后，18 岁的学生李红豪改变了交白卷的想法——题目要求考生根据一段文字材料进行作文。这段文字的大意是：非洲有一种叫尖毛草的野草，别的草都在往上疯长时，它却一直往地下深处扎根，所以表面看起来长得很慢，但风雨一来，其他草都倒了，而尖毛草却岿然不动。

看完材料，李红豪决定放弃其他题目，只写作文，并拟题《草见人命》。他在作文中写道："在学校里（专制主义）这种情况更是登峰造极。老师说的你不能反驳，不管他说的对不对，否则你便犯了'顶撞'之罪。从放假、收费等事可以看出，各学校总是能将圣旨变成剩纸。"

就因为这篇言辞激烈的作文，随后李红豪被学校要求"回家反思"。一年来，除曾回校拍毕业合影外，李红豪再没返校。

无论出于何种原因，一名学生离校不返，因而错过学习和升学的机会，肯定不是各方希望看到的结果。校方表示，"回家反思"不是停课，更不是开除，校方事后多次劝返，均遭到李红豪本人的拒绝。他认为学校的做法"太虚伪"，如果就这样回去，显得"太没骨气"。

过高的教育教学目标、过重的学习负担、呆板的教学模式、压抑的校园环境，这些都是学生产生逆反心理的重要原因。随着时代的发展和社会的进步，学生们的自我意识比上一代人大大增强，他们更注重个性和自由，由此受教育者和教育者的矛盾就出现了。

案 例

中学生郑蕾是一个颇有文采的女孩，对一些事情总喜欢打破砂锅问到底。对于她的一些问题，老师有时候都感到很头疼。前段时间，班里举行测评考试，有一道语文阅读题，郑蕾觉得 A、B 两个答案都对，就全部选上，老师以标准答案为由，判定她错误。郑蕾不服气，在课堂上跟老师理论起来。

"其实，语文无定法，我自认为那个答案没错，老师又说不出道理，就敷衍我，还说不要钻牛角尖。"郑蕾觉得自己是在探求知识，老师这种敷衍应付的态度让她很不满意。

除了对老师有意见之外，郑蕾对课本也是颇有怨言。郑蕾的写作水平非常高，也非常喜欢阅读，但她就是不喜欢上语文课。

"语文课本真是无聊得可以！比如《荷塘月色》课后的补充阅读，竟然是对朱自清描写的荷塘的长宽高与地理位置的介绍！看朱自清的一篇《桨声灯影里的秦淮河》一句：'看到那晃荡着蔷薇香的水面……'老师竟然问我们：'看看这句话，为什么用比喻句？我真想大喊一句：'哪有为什么，作者当时感情投入，就自然流露出这句话啊！作者写文章，就只是发自内心的感受，如果能让读者认真感读，就是作者的目的所在。每个人的思想不同，感受当然也迥异啊！'"

青少年学生叛逆心理的形成，很多都与教师的教育方法不当有关。为此，学校和教师都应该反思自己的教育方法是否科学，是否有利于学生综合素质的发展。

专家支招

建议一：对教育体制改革进行积极探索

在中国的应试教育体制之下，学生能力及潜能的培养和发挥受到了很大的限制。长期以来，学生们不知道如何去独立学习、独立思考，去和他人进行最有效的沟通。希望能够引起教育部门重视，对教育体制改革进行积极、大胆的探索。

建议二：教师要提高自身的综合素质

教育者首先要着力于提高自身素养，包括心理素质、教育教学业务能力和职业道德水平等，把关心、尊重、爱护学生放在首位，把学生置于与自己平等的地位。

在学生出现过激行为时，教师要学会制怒，善于运用教育策略，巧妙化解师生间的冲突。

第二章
理解叛逆的孩子

　　随着接触社会范围的扩大，孩子知识面增加，内心世界也丰富了，逐渐形成了自己的价值观。思维方式和性格特征也在发生变化，并且自我意识逐渐加强，孩子处处要体现"自我"的存在，于是他会靠和父母对着干来体现自我。他逆反的对象并不只是父母亲，对老师乃至整个社会，他都会产生强烈的对抗情绪。对于这种对抗，家长要正确看待，用巧妙的方式合理化解这种矛盾，让孩子健康快乐地成长。

一、 那件事不是我做的

析案明理

事实上，在日常生活中，人与人之间的和谐相处是以诚信为基础的。诚信是真、善、美的高度统一，一个言而无信的人，是没有人愿意和他相处并合作的。从这个意义上说，具备诚信的优良品质就相当于拥有了一笔终身享用不尽的财富，拒绝诚信就是拒绝成功。

案例

有一个在德国留学的中国孩子，毕业时成绩优异，她理所当然地认为自己绝对能找个好工作。但她拜访过很多家大公司，全部被拒绝，这让她很伤心，也很恼火，但又没有别的办法，总不能饿肚子吧？

于是，她咬咬牙，狠狠心，收起高材生的架子，去一家小公司应聘。心想，无论如何这次总不会被有眼无珠的德国佬赶出门吧！结果呢？这家公司虽然小，但仍然和大公司一样拒绝了她。高材生忍无可忍，终于拍案而起："你们这是种族歧视，我要控……"

对方没有让她把话说完，而是低声告诉她："请不要大声喧哗，我们去另一个房间谈谈好吗？"

他们走进一间无人的房间，德国人从档案袋里抽出一张纸，放在她面前。留学生拿起看了看是一份记录，记录她乘坐公共汽车曾经被抓住过 3 次逃票。她很惊讶，也更加气愤：原来就是因为这么一点鸡毛蒜皮的事，小题大做！

但德国人显然不这样认为。在德国，一般来说抽查逃票被抓的几率是万分之三，也就是说你逃一万次票才可能被抓住三次。这位高材生居然因逃票被抓住三次，这在德国人的眼中是绝对不可饶恕的。

在他们看来，一个人在两三毛钱的蝇头小利上都钻空子，还能在别的事情上信赖她吗？一旦受到金钱等物质诱惑，谁敢保证她就不会出卖自己、出卖公司的利益呢？一旦将银行的钱借给了她，谁能指望她还回来？一旦签订了合同，谁能相信她会不折不扣地履行？

这个故事教育我们：诚信是一个人的立身之本，是做人的基础，更是成就一个人一生的"财富"。比起其他任何品质，诚信拥有人们普遍认可的美好品质，更能赢得他人的尊重和信任。

在如今这个高速发展的社会里，从小对孩子进行诚信教育显得十分重要。父母应让孩子知道，无诚则无德，无信则事难成，诚信是自己最宝贵的财产。不论是在生活里还是在工作中，没有诚信的人会到处碰壁，寸步难行，最终必然会失败而归；有诚则有德，拥有诚信的人，则会光明磊落地为人处世，做起事来也会如鱼得水、左右逢源，最终能成就一番伟业。

然而，令人遗憾的是有些孩子却有不讲诚信、爱撒谎的恶习。往往她说的是一个样，做的却另一个样；当面一套，背后一套。当他们的谎言被拆穿后，他们还不甘心地为自己辩解："那件事不是我做的！""冤枉，我真没干过那样的事！"这让父母很生气，即使事后对孩子进行训斥惩罚，成效也微乎其微。

父母如果深入追究的话，便会发现孩子说谎是有原因的。

一方面，孩子受多种因素的影响，让他觉得撒谎也不是什么大错误，于是他们也会学着用撒谎这种伎俩哄应付父母。

另一方面，青春期的孩子爱面子，自尊心又强，恰好处于人生成长中的关键时期，父母往往对他们投入过高的期望值，对他的一些优点，特别是取得较好的学习成绩等，总是无节制地进行表扬和奖励，而面对孩子的缺点和不足时，他们则不管其动机或原因，也不管青红皂白，首先就是责备、惩罚孩子，甚至还会进行严厉的体罚。

面对这两种极端的教育方式，孩子的心理压力和恐惧感累积得越来越多，让他们感受犹如会窒息一般。于是，他们会强迫自己变得很"聪明"，学会利用撒谎来自我保护，从而缺失诚信。

由此可见，明智的父母应领悟到诚信教育的真谛。那么，从现在起，请在孩子的心田里播下诚信的种子，让它成为成就孩子一生的"财富"。

专家支招

建议一：父母首先要对孩子讲诚信

"如果你再撒谎，我就用针把你的嘴缝起来。"

"再不承认是你干的，我就砍掉你的手。"

"你要是再编瞎话的话，我就把你扔到大街上。"

在日常生活中，有些父母警告、训斥孩子的时候，经常会用到以上之类的话。但事实上，如果孩子撒谎了，父母真的会缝上他的嘴、砍掉他的手、扔到大街上吗？显然这是不可能的。也就是说，父母如果总是采用这种自欺欺人的教育方式来纠正孩子的撒谎行为，那真是太不明智了。

另外，为了鼓励孩子去做某件事，有些父母喜欢给许诺某些条件。往往是孩子做完某件事，父母却不承认之前的承诺了。孩子的希望落空后，第一感觉就是自己受骗了，且骗自己的正是自己的父母，这让备受打击。父母给予的这种打击会深深地烙印在的头脑里，并让从中悟出一条重要的信息，那就是不守信的承诺是允许的，说谎也没有错。

因而，要想纠正孩子不讲诚信的行为，父母首先要诚实地对待，做到言行一致，做诚信的榜样。孩子的模仿能力是很强的，很容易受到某种行为的暗示。常言道："身教重于言教。"如果父母总是言行不一，不守信用，不履行承诺的话，无形之中孩子不但对父母会产生不信任感，还会模仿父母的一举一动，慢慢地也会不守信用。

所以，在向孩子许诺之前，父母一定要三思而后行，不能言而无信，出尔反尔。父母答应孩子的事情一定要做到，如果临时出现状况不能兑现时，应先向孩子说明情况，让他从内心理解和原谅父母，并争取以后兑现自己的承诺。

建议二：给予孩子足够的信任

在我们的身边，父母经常这样"关心"孩子：当他吃完饭在房间里学习时，父母会每隔 5 分钟去看一下他是否在偷懒；他们要求孩子去买件东西，却总担心他会私自扣下一部分零钱；孩子写了日记后，他们总想通过各种办法来了解他所写的内容……

当心高气傲、爱面子的青春期孩子明白这是父母不信任自己所作出的行为时，他们往往会产生叛逆情绪，进而采取撒谎等行为来对抗父母。从某种意义上来说，一种双向的不尊重、不信任，往往就会滋生出双向的欺骗。

其实，对于特别渴望理解的孩子来说，家长的信任往往会使他们受宠若惊，并心甘情愿地做一切正确的事情。

案例

15 岁的越越偷拿家里的钱被爸爸发现后，心情特别沮丧，每天都闷闷不乐，即便是观看了偶像周杰伦的演唱会，心情也没有好转，甚至还开始用灰色的情绪来对待身边的一切。

但是，爸爸却通过一件事，让孩子走出了阴影，并把诚信作为自己做人的最基本原则。原来，爸爸让她去远在郊区的奶奶家取一笔数目不小的现金。去的时候，爸爸只对她说了一句："路上小心点！"回来的时候，越越把现金交到爸爸的手里时，爸爸数都没有数就放到了抽屉里。

越越被老爸信任的举动感动得流下了眼泪。事后，她对爸爸说："爸爸，我感觉被信任的感觉真好。以后，我一定要做个诚信的人……"

其实，越越之所以有这种保证，完全是由于被爸爸对自己的那份信任和真诚所感动。同时，这个案例也给其他父母们提了个醒：对待那些自尊心强而又固执的青春期孩子，唯有信任才能换来诚信。

二、 江湖里有我的传说

析案明理

打架这种行为，对正处于青春期的孩子来说就像是一颗炸弹，随时都有可能爆炸。孩子进入青春期以后，大都做事不拘小节，讲哥们儿义气，做事易冲动，办事不计后果，在他们身上最容易出现的行为就是打架斗殴。

案例

陈浩从小就调皮捣蛋，他升入初中后不久就开始打架斗殴，经常欺负一些他"看不惯"的同学，为此他不知被老师批评了多少次，也不知道写了多少份检查，但他却"死性不改"，大有愈打愈勇之势，令老师和家长头疼万分。

后来，他还纠集其他同学打群架，甚至成立了一个"帮派"，他自任头领。有了这样的一个帮派组织，他更加肆无忌惮了，经常在校园里惹是生非，还勾结校外的一些社会青年进行一些违法活动。后来在一次斗殴事件中，他打伤了一个外校的学生，结果被公安机关拘留。

为什么孩子进入青春期以后总爱打架呢？

第一，为了引起别人的重视。在现实生活中，学习成绩差的孩子一直生活在被人遗忘的角落，他们常常被父母遗忘，被老师遗忘，被同学遗忘。而青春期的孩子往往最希望得到别人的注意，他们知道自己学习成绩差，不能靠优秀的学习成绩来吸引大家的眼球。所以，他们妄图通过打架来引起大家的注意，让父母、老师和同学注意到他的存在。

第二，虚荣心作祟。有的孩子觉得打架的人很"帅气"，很有男子汉气概。如果打赢了，可以成为同龄的其他男孩甚至女孩的崇拜对象，可以享受这份"荣誉感"，可以满足自己的虚荣心。

第三，争风吃醋心理。有的男孩是为女孩打架，他们在学校里"爱"上了某个女孩，如果这时有其他男孩追求了这个女孩，或者与这个女孩有通书信、送花等行为，那么，这也会成为他们打架的一个诱因。或者有的男孩为了吸引自己喜欢的女孩的注意，让女孩觉得自己很厉害，很"威风"，是英雄一般的人物，他也会通过"打架"来向女孩证明这些。

第四，耳濡目染的影响。当今社会，网络、广播、电视等媒体十分发达，在这些媒体上到处充斥着用打架来解决各种问题的信息。受体内激素的影响，孩子对这些节目的接受力极强，如此一来，孩子就可能会以打架这种方式作为解决矛盾的唯一方法。

另外，孩子的模仿能力也特别强，一些影视作品中的打架情节，他很快就能学会。当然，父母也会给孩子耳濡目染的影响，孩子犯错误以后，父母不分青红皂白地就是一顿暴打，在这种"棍棒教育"的耳濡目染下，有的孩子就产生了打架等暴力倾向。

专家支招

建议一：发现孩子打架以后，不妨先弄清原因

孩子打架的原因有很多，父母要懂得客观对待。如果父母不分青红皂白地就批评孩子，在孩子并没有过错的情况下，就会觉得很冤枉、很委屈，从而导致沟通无法进行。所以在孩子打架以后，父母首先要听听孩子的解释，争取不冤枉、不错怪孩子，避免父母的误解和冤枉成为孩子继续打架的诱因。

案例

　　周冲的妈妈突然接到学校老师打来的电话，说周冲和班里同学打架，让她把孩子领回去。接到电话之后的妈妈突然间有些蒙了：一向不惹事的儿子怎么会和同学打架呢？她赶紧去学校把孩子带回家。一路上妈妈没有问话，周冲也没有说话。

　　回家以后，妈妈眉头紧锁地坐着，周冲手足无措地站在妈妈的对面。"我就想不通了，你为什么要打架啊？你都多大了，该不该打架还要我教你吗？"妈妈很生气地说。周冲的嘴动了几下，但是并没有发出声音来。"你哑巴啦！"妈妈大声地喊道。周冲被妈妈的一声大喊吓了一跳。"我没错！反正我没错！"周冲回应着妈妈的喊声。妈妈突然站了起来，冲到儿子面前扬起手就要打儿子。周冲拦住了妈妈就要打下来的手，用力地推着妈妈，嘴里不住地喊着："他就是该打！我要打死他！他才是野种，我不是！"妈妈听到了儿子的话，心突然一痛。她用力地按住儿子还在挥自己的胳膊："你说什么？儿子，你打他是因为这个吗？"儿子哭着说："是，他说我是野种。"妈妈心疼地接过儿子，并且说："对不起，儿子，妈妈错怪你了。但是你也不能打架啊！你把人家打伤了怎么办？你可能毁了人家一辈子啊！""谁让他骂我是野种了？他就是该打！"儿子还有些愤愤地说。妈妈对儿子说："他骂你是不对，但是你因此而打人就更不对了。儿子，你是男子汉了，得懂得对自己的行为负责任，明天和人家道歉！""他怎么不道歉呢？他先骂我的！"周冲对妈妈说。"他道歉你就向人家道歉吗？"妈妈问。"他道歉我就道歉。谁爱打架啊，弄得浑身脏兮兮的。"儿子回答说。

　　第二天妈妈带着周冲去了学校，在双方家长和老师的共同努力下，两个孩子都为自己的行为向对方道了歉，并且握手言和。后来，两个人还成了很好的朋友。

　　很多父母都会遇到类似案例中的这种情况。孩子因为别人一句侮辱自己的话或者侮辱与自己有关的人的话，就和其打起来。这时候，如果父母不问清原因就给孩子"定罪",不但不能让孩子改正错误,还有可能让孩子更加仇恨那个和自己打架的人,这就为以后埋下了隐患。

所以,父母要通过沟通打开孩子的心结,帮孩子具体分析打架前后的每一个细节,比如,什么地方是错的,什么地方是不应该那样做的,这样才能产生事半功倍的效果。

建议二:教孩子学会控制不良情绪,三思而后行

很多孩子反映自己打架的原因很大程度上是自己当时觉得很不"爽",心情不好,做事冲动,不考虑后果等。对于正处于青春期的孩子来说,他还不懂得如何管理自己的不良情绪,所以打架的可能性就更大。因此,父母要让孩子懂得控制自己的不良情绪。

案 例

正在上初二的小梁,在学校操场上打篮球,因同学苏林说他有犯规动作,言语中又夹杂着奚落的语言,令小梁很生气,尤其是球场边还有很多女生围观,更让小梁感觉丢了面子。当苏林又一次指责自己犯规时,小梁实在难以抑制心中的不满,便和苏林争吵了起来。一时冲动之下,小梁挥手打了苏林一拳。猝不及防的苏林倒在地上便失去了知觉,结果造成轻微的脑震荡。

小梁的爸爸知道这件事情以后非常着急,又是给人家道歉又是赔医药费的,苏林父母才没有继续追究。事后小梁也很后悔自己的行为,但当时就是无法控制自己。

小梁的情况不是第一次出现了,虽然过后他也会后悔,但是事到临头还是克制不住自己。后来爸爸在一本书上看到一个教育孩子避免冲动的办法,就让儿子试了试。他让儿子每次动手打人前先数10个数想想后果,小梁觉得这个办法很幼稚,不过他还是试了试,还真管用。

后来,小梁再也没有因为冲动而打过架。

由此可知,小梁的打架行为正是他不懂得控制自己的不良情绪造成的。青春

期的孩子自尊心很强，对别人伤害自己自尊心的反应非常强烈。小梁正是感觉到苏林损害了自己的自尊心，让自己在女同学面前丢了面子，继而产生愤怒，因为他并不懂得控制情绪，所以最后才会出现过激行为。

青春期的孩子比较容易冲动，也很容易养成打架、斗殴等恶习。父母在日常生活中要告诉孩子，在决定一件事情，尤其是重大事情时，不要冲动，一定要全面考虑，三思而后行。如果犹豫不决时，不妨听听旁人的意见。父母还要在潜移默化中告诉孩子打架斗殴的危害性，让其学会为自己的行为负责。

另一方面，发现孩子打架之后，作为父母，要懂得克制自己的行为，不能动不动就打骂孩子。有些父母在得知孩子打架之后，就怒火中烧，对孩子实施"棍棒教育"，结果引起孩子的叛逆心理，适得其反。

建议三：正确解读孩子的"哥们儿义气"，合理引导

青春期孩子打架斗殴的另一个重要原因是"哥们儿义气"。受一些武侠剧中张三丰、张无忌等江湖人物的影响，很多孩子盲目地以为"哥们儿义气"就是看到哥们儿被别人欺负时，为哥们儿两肋插刀、肝胆相照。结果不仅帮不了自己的哥们儿，还有可能害了自己。所以父母要合理引导孩子的"哥们儿义气"。

孩子在看了金庸、古龙等作家写的小说以后，会跟着"穿越"到古代社会，并且会模仿小说中一些角色的"英雄气概"。这个时候，父母一定要及时地让孩子"从古代回到现实生活中来"，并且告诉孩子真正的"哥们儿义气"是处处为哥们儿着想，在哥们儿有难的时候帮忙，而不是替他打架伤害别人。还要告诉孩子，任何的问题和矛盾都可以通过协商的方式解决。

三、 穿出我的 "非主流"

析案明理

　　进入青春期的孩子无论从身体、外貌，还是从行为模式、自我意识、人生观等各方面，都脱离了儿童的特征而逐渐成熟起来，更加接近成年人。"潮流"环境的影响，以及社会舆论的左右都能帮助孩子形成自己的审美观。因此，在穿衣打扮方面他有自己相对独立的看法和喜好。

案 例

　　李波今年刚升初中，是一个阳光帅气的大男孩，平时在穿衣打扮方面很在意。前几天，他放学回家一进门，就特别兴奋地说："妈，我要打耳洞，周杰伦在《青蜂侠》上戴了耳钉，好帅啊！我们班的荣轩清明节也打耳洞了，现在都可以戴'子弹头'了，超帅的。妈妈，我也要，你给我打嘛。"李波妈妈听到孩子说出这话来，顿时愣在了那里，她不明白儿子怎么会有这种要求。

　　生活在多元化的当今社会，不管父母多么努力，都依然难以避免一些社会因素对孩子的影响。电视、网络的迅速普及与发展，为孩子带来了更多的视听享受，同时也给他的价值观、审美观带来了巨大冲击。明星的演出造型、影视剧中各种角色的服装，都会给孩子起到示范性的引导作用。像案例中的李波和荣轩就是看了周杰伦的电影《青蜂侠》之后，觉得周杰伦的造型帅气，所以才产生了效仿他在耳朵上打耳洞、戴耳钉的想法。

针对这种情况，有的父母会很担心，担心孩子会学坏，于是直接地干涉孩子的穿衣、打扮，告诉他什么能穿，什么不能穿。这让孩子难以接受，于是顶撞、忤逆的现象也就出现了。

青春叛逆期的孩子具有极强的模仿心理，他也有相对独立的价值观和审美观，因为他长大了。当父母发现孩子在穿衣打扮方面出现"不可理喻"的行为时，一定不要盲目冲动干涉，首先应该详细地了解孩子产生这种想法的原因，然后正确地加以引导。

专家支招

建议一：对其行为作合理分析，并且进行正确引导

正确的审美观对孩子健全人格的塑造显得格外重要，而穿着、打扮足以显现出一个人的审美取向以及个性色彩。如果能从审美观上对孩子进行正确引导，那么他的穿衣打扮问题就比较容易解决了。

案例

初二的学生嘉林，平时上身穿一件衬衣，外套是一件比他的身材小一点的西服，看上去显得挺精神；手腕上戴着一块"长相很凶"的表，大块的圆形表盘上面是个用骷髅头做的盖子；下身穿着一条韩版裤，胯上还带着一条走起路来哗哗响的链子。如果他转过身去，我们还会看见他屁股后面有两个低垂到大腿上的大裤袋，上面布满了花俏、刺眼的装饰……这不，刚放暑假，他就把头发染得五彩缤纷，发型烫得就像一个爆炸的大西瓜。

父母对他这种行为很是无奈和反感，但是又拿他没办法，说不得、嚷不得，其实说了也不管用，他根本就不听，时不时还会顶几句嘴，为此他们与儿子的关系也搞得很紧张。后来父母偶然看到了一本家庭教育杂志，对孩子的这种青春期叛逆行为有了深入的了解，也从中获得了引导孩子的正确方法。从那以后，父母就试着理解孩子的这种行为，对此现象不再盲目地批评指责他，而是给予合理引

导。尤其是嘉林的妈妈，经常在不经意间与孩子谈论一些与穿衣打扮有关的话题，并潜移默化地把一些正确的价值观和审美观渗透给嘉林。一段时间过后，妈妈发现嘉林不再搞那些稀奇古怪的装饰了，而母子之间的关系也有了很大缓和。

嘉林的服饰我们可以用"另类"这个词语来形容，而孩子却以另类的服装为美。孩子在学校里穿着"奇装异服"，在很大程度上只是为了满足自己的虚荣心，希望引起同龄孩子的赞美、认同甚至效仿，在他的审美世界里，"奇装异服"、"另类"就是时尚，就是潮流，如果有其他孩子"跟风"就会觉得很神气。

当父母发现孩子变得注重穿衣、打扮时，首先要认识到这是一个好现象，这说明孩子长大了，懂得注重展现自己的外在美了。然后父母要耐心地和孩子进行深入沟通，对他的变化表示理解和适当支持，以化解他心里的抵触情绪，等他从心理上接受父母后，再告诉他什么是正确的审美价值观，从而帮助他调整自己的行为。

例子中嘉林的妈妈就为我们做出了很好的榜样，这一做法非常值得我们做父母的借鉴。

建议二：父母要给孩子树立一个好榜样

孩子在模仿方面有着惊人的天分，而父母的言谈举止，就是一本活生生的教科书。父亲总是认为带孩子是母亲的事情，照顾孩子是母亲的天职。因此有的父亲下班以后，总是西服随便一扔，领带松松垮垮地挂在脖子上，还悠然自得地翘着二郎腿坐在沙发上看报纸，或是边喝茶水边看电视……却不知这样懒散、随意、邋遢的行为举动在孩子的记忆深处留下了深深的印记。

俗话说得好，"有其父必有其子"，说的就是孩子人生观、审美观和价值观的形成均有赖于父亲的"榜样"作用。父亲是孩子的第一任老师，他的理念和言行对孩子成长起着至关重要的作用。

案例

　　陈军是一位非常优秀的父亲，他一直都明白"上梁不正，下梁歪"的道理。父亲优秀了，儿子自然也不会差到哪里去，所以他从儿子呱呱坠地开始，十几年从来都不敢放松警惕，在儿子面前没有一次是以衣衫不整的形象出现过。这种做法引导儿子树立了健康、正确的审美观，而儿子在生活中穿着、打扮都十分得体，经常获得亲友的好评。

　　教育专家调查研究发现，孩子不仅在生活方式上模仿父母，而且还会承袭父母的某些健康或者不健康的行为。孩子的生活方式往往和父母相像，孩子都看在眼里，记在心上，努力去模仿，不管好坏全盘接收。这种影响是在无意识中产生的，它的作用持续时间很长，影响也很深远，应当引起父母足够的重视。

四、 我的头发五颜六色

析案明理

为什么青春期孩子总想把头发染成其他颜色呢？答案很明显，主要是追求时尚和从众的心理在作祟。如今，感受潮流、追求个性是都市男女的时尚准则。拥有一头或金、或红、或棕、或者多种颜色的时髦发型，是很多走在时尚前沿的青年男女追求时尚的一种表现。

案例

彤彤的期末考试成绩年级排名第二，一高兴就把头发染成了红色，没想到回家后引发了一场"家庭辩论"：

妈妈："瞧瞧你，这是什么德行，好好的头发染成火红色，如同火鸡一样，简直是'小太妹'的作风！"

彤彤："什么'小太妹'，我看是你的思想太老土了，根本不懂什么是美！这样的红头发要多酷就有多酷！"彤彤丝毫不理会妈妈说的话。

爸爸："我也觉得彤彤染了发后挺精神的，要不你也去染染？"爸爸和女儿站在一条战线上，对妻子调侃道。

妈妈："哼，好不好看在其次。你们看，这是报纸上刊登的有关染发危害健康的文章！你们父女俩好好看看，我可都是为了女儿的健康着想。"妈妈拿出来报纸。

形形抢了过来，仔细阅读了一番，然后不在乎地说："不会这么严重吧？我们很多同学都染发了……要是这报纸上说的都是真的，谁还敢染发！"

"宁可信其有，不可信其无！"爸爸对女儿认真地说，"这次染了就算了吧，以后等头发长出来了，把红色的剪掉。"形形点点头，没有继续争辩。

对于青春期孩子来说，明智的父母有责任告诉他染发的危害，并尽力劝阻他染发。有专家曾对 2600 人进行调查发现：染过发的人占到了 90% 以上，其中 30 岁以前开始染发的人占半数左右，然而只有少数人对染发剂的危害有认识。

染发中所使用的染料对人体有害。目前用于染发的染料主要分为两大类：一类是天然染料；另一类是合成染料。而现在大多数染发剂使用的都是合成染料。这些染料含有化学物质，还含有一些对人体有损害的重金属元素，比如铅、汞、镍等。

通过动物实验表明，长期使用这些合成染料来染发，染料不可避免地会通过头发进入皮肤，并渗透到人的血液中。时间一长，轻则导致皮炎，皮肤红肿，瘙痒、溃烂，重则会损害身体造血系统，甚至可能诱发癌症或其他疾病。

英国《每日邮报》曾报道过这样一则新闻：有位正准备毕业考试的 14 岁女孩，在万圣节来临之际，她为了配合僵尸的服装造型，决定将头发染成黑色。

然而令人意想不到的是，在使用了某一品牌含对苯二胺的半永久性黑色染发剂后，她的头皮开始发痒，不一会儿头部就出现发疹现象，疹子迅速蔓延、肿胀，导致头部和脖子迅速肿胀，脸圆得像个盘子，眼睛跟青蛙似的，并且还伴随着强烈的过敏反应，出现呕吐和呼吸困难等症状。好在父母及时发现了情况不妙，连忙将她送到医院治疗。到了医院才了解到，无独有偶，在一周前，一位 17 岁的少女在使用染发剂后也曾出现相似症状，因抢救不及时不幸死亡。

专家支招

建议一：对已经染发的孩子，下不为例

孩子如果已经染了头发，父母一定要用恰当的方式，委婉地说明染发的危害，这样才不至于引起青春期孩子的叛逆情绪——"不让我染，我非要染""今天不染可以，但我明天肯定去染"……相信在父母耐心、理智的劝说下，懂事的孩子会"下不为例"的。

建议二：对犹豫是否要染发的孩子，尽力劝阻

看到同学、朋友染发之后，孩子如果正犹豫着要不要染发时，父母一定要动之以情，晓之以理，说服他放弃染发的念头。此时，父母不妨跟孩子谈论一下美的标准。对于美的标准，英国哲学家培根曾说过："形体之美要胜于颜色之美，而优雅行为之美又胜于形体之美。"显然易见，在培根的眼中，自然之美、行为之美是一切美和审美的基础。

只有把美的形貌与德行相结合，美才会放射出真正的光辉。明智的父母应引导孩子形成自然美的观念，让头发成为自然美的一部分，不需要用染色来修饰。

建议三：对非要染发的孩子，教其一些科学染发的方法

如果孩子的脾气特别倔强，非要染发的话，父母则需要教给他一些科学染发的方法，以降低染发所带来的风险。

首先，染发的间隔时间不能过于密集。无论是什么原因，染什么颜色，都不能过于频繁地染发。比如，1年内染发不超过两次。如果想染彩色，最好选用天然植物合成的染剂。

其次，染发之前一定要先检查头皮。如果发现有伤痕、皮炎、疮疤等情况，最好不要染发。

再次，初次染发时，应首先做皮肤过敏测试，尽量避免可能会引起的过敏反应。做法是，在手臂内侧或耳后皮肤上涂少许染发剂，观察两天。如果没有出现

水泡或灼痛感等异常反应，才可以染发。

最后，在染发时，要尽量避免皮肤接触染发剂。如果不慎让染发剂误入眼内或皮肤上，则要用清水反复冲洗。染发后，要彻底洗净头发和头皮。还有，洗发时千万不要用指甲挠头皮，以免头皮破损而中毒。染发与烫发、漂白、拉直头发不能同时进行，以免严重损伤头发。

建议四：既要适当妥协，又要抓住时机引导孩子

在青春期孩子的眼中，染头发是一件很酷的事，而父母却难以理解，甚至有时还会产生强烈的反感。他们往往会对孩子进行说服教育，比如"你不能这样做，用不了多长时间你就会后悔的""等你长大后，你就会明白我为什么会这样对你了"……

每当听到父母的这些"大道理"，孩子都很愤怒，甚至还会怨恨父母，因为这会使孩子产生这样的感觉：他们都不理解我！更严重的是，自尊心强、脾气倔强的孩子还会故意与父母作对。父母越是不喜欢什么，他越是做什么，也正是出于这个原因，很多父母视青春期为亲子关系的"危险期"。

案例

莉莉进入青春期后，为了追求所谓的个性，喜欢做一些"出格"的事。这不，今天她忽然把头发染成了金黄色。看着她顶着一头黄色的头发在自己的眼前晃来晃去，父亲感到莫名的心烦意乱。

于是，父亲把自己的感受告诉了莉莉，并建议她把头发染回黑色，没想到她却一口回绝了，甚至还嘲笑父亲说："那些'土老帽'根本不懂得欣赏！"

父亲被莉莉气得胃痛，但凭着父亲对女儿的了解，他知道，如果继续跟女儿理论下去的话，父女之间必然会爆发一场大冲突。因此，尽管很生气，但父亲没再说话，权当看不见女儿的满头金发。

第二天，父亲想到了一个好办法来对付女儿：女儿一直对计算机方面的知识很感兴趣，而父亲正好有一位朋友是计算机专家，他不仅精通计算机，还有一家

属于自己的计算机公司，莉莉很崇拜这位叔叔。于是，父亲答应带她去见这位专家，但在去之前，父亲对莉莉提了一个条件：在见计算机专家的时候，一定要戴上帽子。

然而，在出发前的那一刻，父亲惊讶地发现，莉莉竟然把头发染回了黑色。当父亲问她原因时，她很轻松地对他说："既然你看到我黄色的头发会心烦，我想计算机专家也会有这种感觉，所以就把它染回来了。不过，爸爸，我还留着一管黄色的染发膏，说不定哪一天，我又会把头发染成黄色。"

通过这个案例，我们可以看到，对于青春期孩子来说，如果父母过于在意他的着装、造型，甚至还进行不恰当的干涉的话，那只能恶化亲子之间的关系。父母若能抓住孩子的兴趣点给予恰当的引导，孩子也会变得很可爱。就像上述案例中的孩子一样，让她意识到计算机专家不喜欢她染发的颜色时，孩子就会主动把头发染回原本的黑色。

五、 你们说的不一定对

析案明理

常听到父母这样抱怨：现在的孩子真是没法管了，你说什么，他都和你对着干，这就是一个"活冤家"啊……

进入青春期以后的孩子，一般都会出现顶嘴的现象，这是青春期情绪中的一种必然反应。"顶嘴"就是喜欢和父母辩论，当然有的时候根本就是不讲道理，很多父母对此很头痛。有的父母遇到孩子和自己顶嘴的时候，会觉得很没面子，非常生气，在冲动之下做出伤害孩子的行为，这势必会激起孩子的逆反情绪。

案例

一位母亲这样讲述他儿子的情况：

我的儿子今年13岁了，正在上初一，他从小就是一个很乖的孩子，同学和老师都特别喜欢他，每次开家长会的时候，老师都会夸奖他在学校很乖，很懂事，为此我也很欣慰。

可是上了初中之后，他就像变了一个人似的，脾气很古怪，还经常莫名其妙地生闷气，我和他爸爸问他怎么了，他也不说。

一天，我下班回家，特别累，看到他坐在沙发上看电视，就习惯性地问了他一句："作业写完了吗？"没想到他突然就急了："我什么时候写作业，我自己知道！哪用你管了？"说着还瞪了我一眼。我看到他的行为气不打一处来，就喊了一句："你吃枪药啦！我问你一句怎么了？"他却并没有理会我的话，自顾自地在那儿看着电视，看着看着还在那边傻笑起来。我三步并作两步走到插座那儿拔了电视的电源。"把电源插上！"他大吼道。"写作业去！"我语气强硬地说。"我就不写！你爱写你写去！"我已经气得满脸通红，他全然不顾，还突然走过来，从我手里抢过电源，我在慌乱之中，打了他一巴掌，他捂着脸夺门而去……

像案例中的情况在有青春期孩子的家庭中非常普遍。

俗话说，"忍一时风平浪静，退一步海阔天空"。作为孩子的母亲，要懂得对孩子的顶嘴行为适度忍耐，及时了解孩子顶嘴行为背后的真相。妈妈可能觉得儿子的顶嘴莫名其妙，但是凡事必有原因，妈妈最初的不理解只是因为不了解孩子遇到了什么事情。所以，当孩子顶嘴的时候，妈妈一定要耐下心来，挖掘出孩子内心的"隐情"，切忌与孩子针锋相对。

另外，顶嘴这种行为并非一无是处。孩子顶嘴同时也能锻炼孩子的应变能力、语言表达能力、逻辑思维能力等。这有助于孩子形成自己独特的个性，增强孩子对事物的分析能力和辨别能力等。所以，对于孩子顶嘴的现象关键是看父母如何进行引导。

专家支招

建议一：孩子和你顶嘴时，你要懂得控制情绪

青春期的孩子，既不是小孩子也不是大人，他有他这个年龄段的价值观和对事物的评判标准。当孩子的价值观和评判标准被外界否定时，孩子就会为自己进行辩护，并期望获胜，这就是青春期孩子为什么喜欢顶嘴的根源。

当父母遇到孩子顶嘴的情况时，和孩子针锋相对地"激辩"是很不明智的，因为孩子对事物有自己的价值观和评判标准，而且这些很难通过父母的一两句"劝说"而有所改变，加上青春期的孩子年轻气盛，比较容易情绪化，所以很难保证这场"辩论"不带有火药味。话又说回来，即使父母赢了这场"辩论"，也

无法让孩子做到心服口服。正确的做法是，当遇到孩子顶嘴时，要努力克制自己的情绪，等孩子情绪平静下来后再向他讲道理。

案例

小津今年上六年级，过去他一直都是一个听话的孩子，可是现在却动不动就和父母顶嘴，常常把父母顶得下不来台。他还说要对父母的行为反抗到底，"反正你们也不信任我，爱咋咋地！"对此，父母表示真的是没法管了。

一次，妈妈让小津早点上床睡觉，不要再看电视了。可是也不知道他哪儿来的一股怨气，竟然没好气地对妈妈说："我不用你管，睡你自己的去吧！"妈妈执意要让小津去睡觉，依然苦口婆心地劝说。

可是，小津对妈妈的行为极度不满，说什么也不上床睡觉。妈妈严肃地对小津说："你明天上学迟到了可不要怪我没提醒你！"谁知道小津却突然站起来，气势汹汹地对妈妈说道："我都说过不用管我了，你怎么那么烦啊！"妈妈也有些不耐烦了，对小津嚷道："你就逼我打你是吧？上床睡觉去！""你打啊，打啊！看谁更疼！"说着，小津就把脸凑到妈妈面前。妈妈一怒之下打了小津。小津没有想到妈妈会真的打他，又羞又怒，摔门去了奶奶家。

妈妈追到奶奶家的时候，小津正一边擦眼泪一边向奶奶诉说着自己的委屈，看到妈妈来了，他就什么都不说了。奶奶告诉小津妈妈，小津今天考试成绩出来了，结果不太理想，所以他心情也特别不好。妈妈知道儿子学习一直都很用功，但是成绩没有上升，也难怪他会心情不好，和自己顶嘴。明白了事情的原委，妈妈赶紧向小津道歉，在奶奶的劝说下，母子二人重归于好。

小津在学习上付出了很多的努力，但是成绩却没有提升，辛苦的付出没有回报，所以心情很糟糕。他本想借着看电视转移自己的情绪，可是妈妈的催促又让他觉得很反感，心里的种种不痛快通过和妈妈顶嘴发泄出来。可是妈妈并不了解儿子的这一心理状态，也带着不良情绪对待儿子，结果引起儿子的强烈叛逆。

青春期的孩子情绪不稳定，容易激动，常常因为一件小事就和父母顶嘴，这通常会让父母很伤心。但是在伤心之余，父母不要以牙还牙，而应当给予孩子更多的宽容，让自己保持一种良好的情绪状态，这才有利于问题的解决。

建议二：不要敌视孩子的顶嘴行为，可以把它看成一场辩论赛

青春期的孩子与父母顶嘴的现象很常见，当孩子与自己顶嘴的时候，父母一定要保持冷静，放下家长的姿态，和孩子平等交流。为了让自己的情绪平静下来，父母甚至可以把它看成一场有益身心的辩论赛。

案例

小齐经常和爸爸顶嘴，久而久之就形成了一些不好的习惯，比如不懂礼貌、不讲道理等。

为了帮助儿子改掉这些不良习惯，爸爸在小齐和自己顶嘴的时候，顺势引导他和自己讨论"顶嘴"的内容，以便让他明辨事理。可是，试了几次之后，爸爸发现自己经常被儿子的"歪理"说得哑口无言，本意是想说服儿子，结果自己却被绕进去了，小齐的"歪理"却变成了"真理"，这令他十分郁闷。

后来，在一次家长会上，小齐的爸爸向班主任老师"取经"，才得知自己被儿子说服的原因主要是自己知识储备不够，思想也与现代社会严重脱节等。知道原因以后，爸爸用知识武装自己，还谦虚地向儿子学习。一段时间过后，他居然能"以其人之道，还治其人之身了"，当然这还要归功于儿子当初的顶嘴。

父母和孩子"辩论"，尽量要使孩子心服口服，千万不要武断地"阻击"孩子，让孩子不敢发言，或者不能够充分表达出自己的想法，这样很容易让孩子关闭自己的心扉，隐藏自己的真实情感，如此父母就很难再走进孩子的内心世界。当然，武断的方式还容易激起孩子的对立情绪，不但不利于问题的解决，还会引发一系列的新问题。

总之，对待孩子的顶嘴，父母要多一些忍耐和宽容，让道理成为评判是非对错的标准，而不是利用父母的身份或者权威压制孩子，置孩子的"委屈"和"苦衷"于不顾。

六、 我的世界如此狭小

析案明理

孩子叛逆的一个重要原因，是受到了父母过度呵护所演变而来的压制，而父母的想法不过是让孩子少受负面信息的误导，专心学习。但父母要明白，同样的事情，体验的人不同，经验也是不同的，家长不可能一辈子用自己的翅膀护佑着孩子，最好的方法就是让他在经过某些事情后，通过反省把握经验，从而变得成熟。只要家长坚持住大是大非的原则，允许孩子撞上南墙后再回头，也未尝不可。

当孩子出现叛逆心理时，家长往往时刻提防着孩子的一举一动，孩子稍有"越轨"行为，就严厉禁止，唯恐孩子因此受到不良环境的污染。许多父母还经常将大人的观念强加给孩子，对孩子的探索行为、冒险行为和模仿行为等加以限制。

其实，孩子有自己认识世界的方式，喜欢通过触摸、模仿、探索等行为来获得对世界的感知，所以在成长过程中会萌生出各种需求，如感知需求、模仿需求、探索需求和情感需求等。当这些需求得到父母的支持后，孩子就会心情愉快，成长迅速；当这些需求受到限制，就会使孩子的情绪产生波动，父母眼中的"叛逆"行为就出现了。

因此可以说，孩子所谓的"叛逆"其实是他对探索真实世界的一种渴求。

他希望通过自己的观察，来获得对某一事物的直观认识，而父母总是担心孩子年纪小、阅历浅，容易受负面信息的影响，对其成长不利。

假如父母能深切地意识到这种教育的误区，就一定会改变对孩子所谓的"叛逆"行为的看法，并真诚地希望孩子以自己的方式去认识这个世界——去触摸、去感知、去想象、去用自己所熟悉的语言来表达……最高境界的教育应该是，不仅给孩子以信息，而且要使他的生命力与万物和谐统一。这是一种令人向往的境界，也是孩子所期待的，这样孩子的智慧与人格就有可能获得最和谐、最理想的发展。

案 例

电影《楚门的世界》所描述的故事有些荒诞。电影的主人公——楚门从小到大一直生活在一座叫海景的小城（实际上这是一座巨大的摄影棚）里。他是这座小城一家保险公司的经纪人，看上去似乎过着与常人完全相同的生活，但他却不知道生活中的每一秒钟都有上千部摄像机在对着他：一家电视制作公司收养了一名婴儿，他们刻意培养他，使其成为全球最受欢迎的纪实性肥皂剧"楚门的世界"中的主人公，然而这一切楚门却全然不知。他不知道每时每刻全世界都在注视着他，更不知道身边包括妻子和朋友在内的所有人都是"楚门的世界"的演员。

虽然感觉到每个人似乎都很注意他，而且从小到大所做的每一件事都有着戏剧性的效果，但这些都没有使这位天性淳朴的小伙子过于在意。可节目组为了寻求更特别的效果，竟让在楚门小时候因他而"死"的"父亲"再次露面，但又不让他们会面，直到楚门悲痛万分后才让他们"父子"相认，从而达到他们所要的效果。

这一切使一位既是"楚门的世界"的忠实观众、又是该节目群众演员的年轻姑娘玛丽十分同情楚门，她给了楚门一些善意的暗示，使他不得不开始重新认识自己的生活。渐渐地楚门发现，在他工作的公司里，每一个人都在他出现后才开始真正地工作；在他家附近的路上，每天都有相同的人和车在反复来往。更让他不敢相信的是，自称是护士并每天都去医院工作的妻子竟然不是护士。楚门开始怀疑他所生活的这个世界，包括妻子、朋友、父亲等所有的人都在骗他，一种发自内心的恐惧油然而生。

最终他决定不惜一切代价逃出海景这个令他窒息的小城，去寻找真正的生活和真正爱他的人，于是他用尽各种方法要离开小岛。

然而，楚门却低估了集这个肥皂剧的制作人、导演和监制大权于一身的克里斯托弗的力量。克里斯托弗将一切都设计得近乎完美，近三十年里牢牢地把楚门控制在海景的超现实世界之中。当楚门通过努力最终将船驶向海平线时，他却绝望地发现，他面前的大海和天空竟然也是这个巨大摄影棚的一部分。

这时，克里斯托弗走了出来，他向楚门讲述了事情的来龙去脉，并告诉楚门如今他已经是世界上最受欢迎的明星，他今天所取得的一切是常人无法想象的，如果他愿意留在海景就可以继续明星的生活。这里是一个安全的环境，外面的世界到处是陷阱与谎言。

楚门最终还是选择了离开，因为他有权选择面对人世间的磨难、谎言和背叛等。

在这部电影中，编剧克里斯托弗在剧中设计着楚门生活的每一个重要环节，也企图左右楚门的思想，他不仅是编剧、导演，更像上帝。在他身上，我们似乎看到了很多家长的影子。

如今，有些家长也像这位导演一样，为孩子设计着学习、生活的每一步，孩子像楚门一样无条件地接受这一切，在父母精心设计的港湾过着天堂般的生活。岂不知，这个世界、这种生活不是孩子自己的，也不是孩子想要的。

知识有直接与间接之分，直接知识即通过亲身经验获得的知识，而间接知识则是指通过书本学习而获得的知识。通过亲身经历所获得的知识往往是鲜活、有生气和亲切的，而间接的知识往往是冷漠、抽象而遥远的。但是，人们总是会片面地认为间接知识的学习相对于直接经验的获取显得更简约、更经济、更快捷，却忽略了单纯的书本知识教学所要付出的代价。从根本意义上说，这种代价就是对孩子问题意识和好奇心的扼杀。

泰戈尔曾说："我们被造就成丧失世界并只找到一些信息的人。我们不给孩子们以地球，却去教他们地理；不教他们语言，却去教他们语法。他们渴望的是叙事诗，供给他们的却是编年的史实和日期……儿童的天性以其所有痛苦的力量反抗这些灾难，而最终屈服于惩罚，陷入沉默。"

孩子处于叛逆期时，有着极强的探索欲望，希望通过自己的方式去认识这个世界。有时候父母为了使孩子纯洁的心灵免受污染，会阻止孩子的探索行为，而把自己对于生活的理解直接给了孩子，使得间接知识代替了直接知识。这样会使他失去尝试的机会，丧失发现的能力。

专家支招

建议：让孩子敞开胸怀，去接纳这个世界

父母苦心经营着孩子的世界，小心翼翼、追求完美，刻意地给这个世界披上原本不存在的温情的面纱。但父母要知道，孩子总有一天要单独面对这个世界，挑战自己的人生，这时候大人又能给他怎样的帮助呢？就像《楚门的世界》影片最后楚门和导演的对话一样：我们极力想给孩子一个完美的世界，岂不知，这个世界总有一天会彻底展现在孩子面前。

案例

一个刚满17岁的孩子虽稚气未脱，但总感觉自己是个大人，叛逆已经成为他和父母沟通的方式。终于有一天，父亲和少年倾心交谈，询问他不再乖巧的原因。

少年说："我已经长大，不再是你们操控的棋子，我需要有自己的生活，我需要寻找自我。"

父亲叹了口气："你打算怎么寻找呢？"

"一个行囊，一个指南针就够了。我需要离开你们的庇护，去寻找自己的坐标……"

"那你去吧，孩子。我和你妈妈在这里等你的好消息。"父亲给了少年500元钱。少年从此离家，开始了他寻找青春和自我的旅程。

少年去了离家很远的一个城市。在那里，再也没有老师和父母烦心的唠叨，当然，也没有了父母片刻不离的嘘寒问暖。

在那个灯红酒绿、光怪陆离的都市，500元钱像一杯水倒进沙漠里一样，很快就没了。看着日渐干瘪的钱包，少年想到了放弃，但一想到回家可能会受到的嘲笑，他只好咬咬牙，忍住了。

为了生存，这个在家连自己衣服都很少洗的少年去了一些小店打工。他劳累一天，只为能拥有一顿热饭和一个可以遮蔽风雨的住所——这些他曾经唾手可得而又丝毫没有珍惜过的东西，在那个离家遥远的城市，伴随着少年的叛逆成长。

春去秋来，一年很快要过去了。少年在饭店刷过盘子，在大公司做过保安，在酒店做过门童，在夜市里做过摆摊的小贩……少年稚嫩的双手终于在疲于奔命的生活中渐渐长满老茧。少年的心也随着日出日落，懂得了父母的不易和他们对自己深深的爱。

终于，在新年即将到来的时候，少年拨通了那个熟记于心的号码。电话那端，是父亲激动的声音和母亲喜悦的啜泣……

父亲说："如果找到了你要的东西就回来吧。"

在挂断电话的一刹那，少年泪流满面。不久，他登上了回家的火车。在行囊中，多了两件买给爸妈的内衣，包装得朴实而美丽。这是一个懂事了的儿子、用自己的双手为父母换来的新年礼物……

现在的社会很复杂，好的坏的、真的假的、白的黑的……孩子既然生活在这样的社会里，就有必要让他认识真实的世界。这种真实的认识，就是指要多让孩子接触外部世界，让他既看到社会美好的一面，也知道社会的阴暗面。

孩子固执己见，正是因为他缺少实践经验。如果父母只单纯地告诉他"你的想法不对""不行",就会激发孩子的反抗心理。只要父母在坚持大是大非原则的前提下,允许孩子撞上南墙后再回头,让孩子从小就在不断犯错误中长大,这样他的教训就会很深刻,以后就不会再犯同样的错误了。一次次的犯错之后,孩子就学会了如何甄别什么是对、什么是错,对了会信心倍增,错了会记忆深刻,并真正悔改,这样就能有效化解孩子的逆反心理。

七、 家里的世界很无奈

析案明理

青春期孩子正走向一个成熟的阶段，但自我认识和判断能力非常欠缺，且性格也很叛逆。如果父母反对他去做所想做的事情，粗暴干涉他的想法，那么有些孩子便会不计后果地将出走进行到底。

通过一份调查资料，我们可以看到：在离家出走的人群中，14 岁左右的青春期孩子占了大多数。这些孩子还有许多很显著的相同点,：性格孤僻、固执任性、情绪易变、爱冲动、缺乏自制力、对自己认识不清等。

案例

"这次期末考试我没有考好，你们天天责怪我。我现在走了，就想出去散散心，你们不要来找我，也不要管我，我自己会回来的……"

这是一位离家出走的孩子给家里留下的一封信。另外，孩子还在信中说，自己之所以考砸了，都是妈妈自作主张地让她转学造成的。在新学校里，她不适应新老师的教学方式，也没有亲密的朋友，心情特别苦闷。爸爸妈妈却从不考虑自己的感受和心情，只知道盯着自己的成绩，这一切都让她无心学习，进而被逼离家出走。

孩子的妈妈难以接受这个现实，几乎昏厥了过去，孩子的爸爸更是慌了手脚，因为孩子并没有说去哪里，又没听她说过有什么朋友，他们在附近找了又找，无果后又去了孩子的同学家，但被告知没来过。绝望至极的父母只能报警，希望能在火车站或汽车站拦截她，将她带回家，然而，那些地方仍然没有见到孩子的影子。

时间一天天过去了，孩子依旧杳无音信。精神处于崩溃状态的父母，只好抛下工作踏上了寻找女儿的路。

时间一晃过去了九个月，终于有一天他们有了孩子的消息。原来，她被人贩子拐卖到了偏远农村，过了九个月的非人生活……

进入青春期后，孩子的独立意识虽然有所增强，但自身的辨别能力、生存能力和自立能力还很差，出门在外免不了遭遇饥饿、病痛，甚至还会上当受骗，被人拐卖，或误入毒贩、赌徒的手里，毁掉一生，更严重者还会因此而丢掉生命。

案例中的孩子自己并没有很强的辨别是非及识人的能力，很容易听信坏人的甜言蜜语，才会落入人贩子的圈套。

如今，除了像案例中孩子这样因为跟父母发生冲突，以至于压力过大而离家出走外，还有一些其他的原因会致使孩子不计后果地离家出走。比如，为了见网友，被外地打工的伙伴怂恿，受到陌生人的诱骗，为了追星，对目前生活产生厌恶等。

孩子一旦离家出走，发现外面的生活没有自己想象的那么精彩，反而非常无奈的时候，他也会后悔莫及，但在强烈自尊心的驱使下，他宁可打零工、做苦力、流浪乞讨，甚至干些违法犯罪之类的活动，也不愿回家服软。

试想一下，孩子的离家出走行为带给父母的该是怎样的一种伤痛？事实上，对于父母来说，孩子离家出走，相当于在父母的心头投下一枚重型炮弹，不但令父母痛彻心扉，悲痛不已，还会让父母感到无尽的担忧和自责。

由此可见，父母如果不愿意眼睁睁地看着这些让自己后悔、愧疚、紧张、痛苦的事情发生，就要提早防范，斩断孩子离家出走的念头。

专家支招

建议一：不应对孩子说粗暴的语言

"从现在开始，我不会再管你了！"

"你最好在我眼前消失！"

"再这样不听话了，我就不要你了！"

"我再也不管你了，随你便好了！"

"你给我滚！"

"有本事就别回来！"

"滚吧，想去哪里就去哪里。"

相信在日常生活中，以上这些话大家一点都不陌生，无一不是父母用来恐吓、威胁孩子的话。在大多数父母的眼中，孩子永远是孩子，是依赖家庭、离不开父母的。因而，当孩子做了什么让父母不满意的事，父母就会用以上这些话来发泄自己的情绪。对于胆小的孩子来说，父母的这些过激言辞可能会震慑住他。然而对于好面子的青春期孩子来说，父母的这些话则是对他的一种侮辱或抛弃，往往一怒之下他会选择离家出走，反抗到底。

心理学家也曾指出：在成长过程中，遭受精神上的虐待的孩子的心灵创伤，往往比身体受虐待的孩子的要深。父母的那些讽刺、挖苦、贬低、斥责之类的不良言语只会让孩子产生厌恶、恐惧及愤怒的情绪，进而造成不良的后果。可见，明智的父母千万不要对孩子说那些粗暴的语言。

建议二：沟通得当，做孩子的知心朋友

仔细观察一下的话，我们会发现如今有些父母和青春期孩子之间的沟通交流无非就是以下这些对话：

"这都几点了，还在玩电脑！你明天到底还上不上学了！"

"什么？要买电动车？家里哪儿来那么多钱？你的自行车不是骑得好好

的吗？"

"你为什么才考那么一点点分？语文一直是你的老大难，你是不是上课睡觉了，没有专心听讲？"

"从下个月开始，零用钱减半！像你这么能花钱，谁养得起你！"

对于有的青春期孩子来说，父母的这些居高临下的质问就是他们沟通交流方式。孩子的感受可以用一个字来形容：烦！当这些烦恼越积越多，孩子势必会厌恶父母，憎恨家庭，从而想方设法脱离家庭，以此来反抗父母。

可见，父母在与这些敏感的青春期孩子交流沟通的过程中一定要掌握主动权，引导孩子主动说出自己的心事，消除孩子的烦恼，从而熄灭孩子离家出走的小火苗。

在平时，明智的父母应这样做：尽量多抽出一些时间跟孩子交流学习情况、校内趣闻和各种八卦小道消息。这样做，能轻易地让孩子敞开心扉，说出自己的烦恼或父母做得还不够好的地方。一般来说，父母接收到这些信息后，才能施以良策，化解亲子之间的误解和矛盾。当然，这里父母要注意的一个重点是：不要只跟孩子谈学习方面的事情，这很容易引起孩子的反感。

如果孩子不善于言谈，不愿直接地表达出自己的情感，那么父母可以通过QQ 网聊的形式来发掘孩子内心深处的东西。比如父母可以试图用朋友的身份问孩子：

"最近和同学的相处还好吗？"

"有没有什么需要帮忙的？老妈给你出钱。"

"最近看你好像不开心啊，是不是爸爸得罪了你，惹你生气了？"

"别说电动车了，等爸爸赚够了钱，以后给你买跑车！不过，现在家里经济很紧张，你还是凑合着骑自行车，好吗？"

建议三：随时关注孩子的变化

一般来说，在打算离家出走之前，很多孩子或多或少地都会出现一些"蛛丝马迹"。比如，突然变得心神不宁，干什么都没有精神；老是走神儿，好像是有心事；说话变得吞吞吐吐，欲言又止，做起事情来犹豫迟疑；一反常态，变得大大咧咧，又笑又闹，还向父母大献殷勤，完全没有了以往蔫儿了吧唧的样子……

面对上述这些变化，父母一定不能大意，应该及时跟孩子好好谈一谈，聊聊心里话，问问他是不是遇到了什么麻烦或问题。通常，只有让孩子说出自己的烦恼，释放郁闷的心情，才能消除他离家出走的念头。

建议四：多带孩子去看看外面的世界

青春期孩子大都有强烈的好奇心，尤其对外面的大千世界总是充满向往。父母如果无视孩子的这种心理感受，只知道把他圈在一个狭小的天地里，逼着他埋头学习的话，很容易引发孩子的抵触心理，让他更加向往外面的自由和精彩，以致最后抱着散散心、耍一耍、看一看的心态悄然离去。

要想满足孩子的这种好奇心，父母可以利用各种假期带着孩子出去看一下外面的世界，感受一下外面的精彩，或者鼓励他打工，做零活，体验一下不同的生活。很多时候，他在知道赚钱的不易和生活的艰辛之后，才更容易理解、体谅父母，且再也不会轻易选择离家出走这么不理智的方式。

八、 老师表扬他， 我如此难受

析案明理

当孩子到了青春期后，其心理状态会发生很大变化，但他的调节能力还比较差，面对各种压力和刺激时，很容易心理不失衡，导致他的情感极其不稳定，更容易让他在很多方面产生嫉妒心理。比如，嫉妒同学的着装打扮，嫉妒朋友的优异成绩，嫉妒他人的物质生活……

案例

一位14岁孩子的妈妈忧心忡忡地向教育专家诉苦：

我女儿是一个聪明伶俐、惹人喜爱的孩子，学习成绩也非常优秀。但是，她有着非常强烈的嫉妒心，看不得她旁边的人比她好，这一点让我和她爸爸感到很担心。

早在她上幼儿园的时候，如果老师给哪个小朋友奖励一朵小红花，她就会闷闷不乐，不再和那个小朋友玩了。如果我们在她面前表扬哪个孩子能干、可爱，或者只是说人家"今天的衣服真好看"，她也会生气，有时甚至为此大吵大闹。我和她爸爸总觉得这是孩子小，不懂事，再长大一些就好了。

但上了初中后，女儿的嫉妒心不但没有收敛，反而变本加厉，尤其是见不得她的好朋友比她强。她有一个从小玩到大的好朋友，现在又是同班同学。那个孩子各方面都不如她，我女儿一直对她挺友好，也很照顾。

可上周，那孩子因为写了一篇比她写得还要好的作文，被老师当作范文。我女儿回来后就很不高兴，从那以后也不和那孩子一起上下学了。

前两天，我突然在女儿的书包里发现了那孩子的作文本，原来，她把那个孩子的作文本偷藏了起来。此时，我和她爸爸觉得问题有些严重，就严肃地批评了她，指出这是偷窃行为。

女儿大哭，说她自己也不知道为什么会这样做。听到老师表扬那个孩子，她就感觉非常难受。看到那孩子的作文本放在桌上，她就想把它撕毁、扔掉。

看到这个样子的女儿，我和她爸爸的心情也非常沉重。女儿有如此强烈的嫉妒心真是一件非常糟糕的事情，实在是不利于她以后的学习和工作，但我们也不知道该怎样做才能帮助她走出嫉妒的深渊。

通过上述案例，我们可以看到，这个孩子的嫉妒之心表现得非常直接。她总想自己比别人优秀，总想让自己长期处于中心地位，容不得他人来"抢"自己风头。在日常生活中，嫉妒是一种非常普遍的情绪反应，是通过与他人之间的一番比较，发现自己在某些方面不如他人，从而产生的一种由羞愧、不满、怨恨、愤怒等组成的复杂情绪。

实事求是地说，我们每个人都会有嫉妒心理，且有着不同的表现形式和内容，即便是两三岁的小孩子也不例外。当妈妈刚抱起邻居家的小朋友时，自家那个两三岁的小孩子就会很快地跑过去，哭着闹着要求妈妈立即抱自己，并且他可能还会推开那个小朋友，不高兴地说："这是我的妈妈！"这就是小孩子典型的嫉妒表现。

嫉妒虽然是一种可以理解的正常情绪反应，但却是影响青春期孩子身心健康成长的毒瘤。因为它消极、有害，会极大地消耗孩子身体和心灵里的能量。一般来说，这种嫉妒心理主要会造成以下两方面的危害：

第一，嫉妒心理会影响孩子的人际交往。

通常，当孩子嫉妒他人的时候，便不会友善、热情地对待对方，必然会导致彼此之间的关系变得冷淡。这样孩子嫉妒的对象越多，其冷淡的对象也就越多，相应地人际关系就会受到严重的破坏，甚至很多时候，这种嫉妒心理还会破坏集体的团结和良好的心理氛围。

在强烈的嫉妒心促使之下，孩子还会产生许多不良情绪，往往会因发泄这种攻击性的情绪而造成悲剧。

某报刊曾报道过这样一则新闻：有一位重点中学的女学生，因为成绩、外表比不上别人而产生了强烈的嫉妒心。时间一长，嫉妒心如火中烧，随后便想到自杀，然而她在自杀的同时，还杀死了同寝室的5位同学。这是一个因嫉妒心而造成悲剧的极端案例，令人不寒而栗。

第二，嫉妒心理会给孩子带来内心的痛苦。

面对比自己厉害的对手，嫉妒心强的孩子会做出伤害他人的事情；同时，他会拿别人的优点来折磨自己，使自己沉浸在愤怒、沮丧、怨恨、自惭、自责等消极情绪中，难以摆脱。时间一长，孩子不但会情绪低落，内心痛苦，还会因此而丧失自信和前进的动力。久而久之，孩子很容易产生心理障碍。

案例

16岁的叶子没有跟几个男同学处理好关系，于是趁着那几个男同学与女同学一起外出游玩的机会，她巧扮成"狗仔"偷偷跟踪，并拍了照片交给班主任老师，添油加醋地说这几位同学"作风不好，道德败坏"。

其实，那些同学之所以一块游玩，是父母单位发的联票，几个同学也没有任何不良表现。为什么叶子会告他们的状呢？原来，叶子很嫉妒他们几个人之间的友谊，感觉很不爽，因而产生了"修理"他们的想法。

法国文学家巴尔扎克曾经说过："嫉妒者比任何不幸的人更为痛苦，因为别人的幸福和他自己的不幸，都将使他痛苦万分。"因此，面对青春期孩子的嫉妒心理，父母绝不能听之任之、放任不管，更不能低估嫉妒给孩子所带来的危害。

也就是说，明智的父母一定要了解孩子的思想意识、道德品质，发现嫉妒的小火苗就要马上扑灭，做到防患于未然。

专家支招

建议一：要让孩子树立正确的竞争意识

一般来说，有嫉妒心理的孩子都争强好胜。因而，父母要引导孩子通过正当的途径，用自己的努力和能力去与他人竞争。竞争的最大目的就是要找出彼此之间的差距，然后将自己消极的嫉妒转化为积极的努力，从而做到快速进步。父母还应让孩子知道，通过不正当、不光彩的手段来赢取的胜利，是真正意义上的失败。

或许，有时父母很难扑灭孩子时不时冒出的那些嫉妒的小火苗，这也没有关系，父母完全可以将其转化为激励他前进的动力。

案例

由于嫉妒同桌拥有各式各样的日记本，一个孩子便"信口雌黄"地对妈妈说："她的日记本一定是在文具店里偷来的，不然不可能有那么多。"

这位明智的妈妈冷静地对女儿说："要是你不乱买零食，省下来钱照样可以买许多日记本啊！"

妈妈的话一下提醒了孩子，于是她下决心改变乱花钱的恶习，省下钱来果真买了一个又一个漂亮的日记本。这之后，她再也没有因他人拥有许多日记本而心生妒意了。

建议二：帮助孩子树立自信

心理学家一致认为，那些容易嫉妒他人的孩子往往是因为缺乏自信。对于这样的孩子，重塑他的自信，进而克服嫉妒的佳方良药，就是来自于父母的关爱、赞美以及肯定。

这是因为父母的关爱、赞美以及肯定会给孩子从心理上带来安全感和满足感。他总会处于自信、乐观、冷静的心理状态中，不会轻易地被他人的成功搅得心神不宁，或生出畸形心理，而这恰好是扑灭嫉妒之火最好的"灭火剂"。

所以，平时，父母可以经常对孩子说："在妈妈心里，你是最棒的！""这件衣服只有我女儿穿着才最好看！"之类的话，以帮助孩子树立自信心。

建议三：尽量不要拿自己的孩子和他人比较

在家中，很多父母喜欢拿自己的孩子与其他孩子作比较，但却颠倒了超越自我和超越别人之间的关系。他们完全忽视要多让孩子自己跟自己比是否有进步，只知道一味地搞横向比较。时间一长，孩子无形当中就学会了盯着别人、提防别人的不正常"排队心理"，从而一步步走向嫉妒的泥坑。

案例

在闲聊中，敏敏的妈妈跟邻居阿姨说："你家女儿的头发又直又黑，真漂亮，可惜我女儿发质不好，偏黄且还是卷的。"没想到，第二天，敏敏就要求妈妈带自己去美发厅把头发烫成直发，然后再染成黑色！敏敏的妈妈顿时意识到昨天自己的评价引发了女儿的嫉妒心理。从此之后，她再也没有评价过女儿的头发，也不再拿女儿和其他孩子作无意义的比较。

在英国的家庭教育中，父母总喜欢拿孩子的现在和过去比较，很少作横向比较。因而他们时常能发觉孩子的进步，总觉得孩子特别可爱。在这样的家庭氛围中，孩子要做的就是用"今天的我"与"昨天的我"作比较。更重要的是，孩子一直按照这样的思路想问题办事情，是不容易产生嫉妒心理的。

因而，在教育孩子的过程中，父母千万不要再对孩子说下面这类话"你看隔壁的苗苗，学习怎么那么好""你表姐才比你大 1 岁，你看她多懂事啊！"……总之，父母要尽量避免因自己无意识中把孩子与其他人比较给其造成一定程度上的嫉妒心理。

第三章
帮助孩子接纳自己

　　每个人都是不完美的。作为成年人，我们懂得用理智的心态去平衡自己的优点和缺点。可是，孩子面对这一切又该怎么办？只要家长能多站在孩子的角度，给予他尊重、理解和宽容，顺应孩子的天性，因势利导，用爱的教育就能培养出丰盈的心灵。当认清自己后，他便能学会接纳，接纳自己，也接纳他人。让一个孩子感到被父母和老师接纳，尤其是无条件的接纳，将给他的一生带来深远影响。当他踏上社会，他就更需要这种意识，这样才能更好地生存、发展。

一、尊重孩子的兴趣爱好

析案明理

现在的父母都希望自己的孩子能够掌握多项技能，能够有一个美好而光明的前途，所以往往不考虑孩子的兴趣爱好和感受，一意孤行，按照自己的意愿来安排孩子的学习。孩子在一次又一次的"被"接受中，愿望得不到满足，兴趣得不到尊重，特长得不到发挥，导致孩子厌学、叛逆，对孩子的成长造成伤害。

案 例

报纸上曾经登载过这样一条新闻：一名14岁中学生，因不愿上暑期兴趣班而与父亲发生了激烈争吵，一气之下从家中三楼跳下。所幸，被树干挡了一下，摔在草地上，除面部有一些挫伤、擦伤外，身体并无大碍。

记者调查发现，原来父亲花了差不多2000元钱，给上初二的儿子报了5个兴趣班。父亲这样解释说："说老实话，这些兴趣班没有一个是孩子自愿的，我也想让他玩，但是明年他就要中考了。人家在学，他在玩，没有前途，将来后悔的是他啊！路要他一个人去走，我们这些做父母的还不就想帮他找好方向，让他少走弯路吗？"他的儿子却立刻反驳说："拜托！你们别那么自私好吗？我想上我喜欢的兴趣班，你们选的我一点都不喜欢……再说了，好不容易盼到了暑假，别的同学都可以休闲放松，就我非得上兴趣班，烦不烦哪？"

父亲这样做是出于好意，但孩子的话也不无道理。

兴趣是孩子获得真知的最大动力，父母不尊重孩子的意愿而盲目地替孩子选择兴趣班，往往会将孩子本身的特长、优势扼杀在摇篮之中。像例子中的这位爸爸，为了孩子的"未来"费钱费心思不说，还招来了孩子的反感，甚至导致孩子做出了极端的事情。

我国童话大王郑渊洁曾经说过："不要在孩子不感兴趣、还没有能力理解的时候，让他做任何不感兴趣的事情。"让孩子做他感兴趣或者喜欢的事情，他往往能够全力以赴；可是如灵父母要求孩子去做一些他不喜欢做的事情，冲突就在所难免。从某种角度上来说，父母盲目地帮孩子选择方向是在浪费时间，是在逼迫自己的孩子走弯路、绝路，而最大限度地帮助孩子发挥出特长，才是真正的为孩子好。

专家支招

建议一：不要把自己的意愿强加给孩子

孔子曰："知之者不如好之者，好之者不如乐之者。"大多家长希望孩子跟着自己的思想方向发展，希望孩子能像自己期望的那样成功，这样做本意是好的，可是他们忽略了孩子自身的意愿和想法，蛮横地剥夺了孩子选择自己喜好的权利。由此可见，父母尊重孩子的兴趣爱好，承认孩子拥有兴趣爱好的权利，对培养孩子良好的兴趣爱好有重要意义。

案例

张瑞的爸爸在小学里当音乐老师，他一直期望儿子能够成为一名歌唱家，完成自己年轻时的梦想。可是刚刚小学毕业的张瑞天生对音乐不感兴趣，与在光鲜耀眼的舞台上唱歌的歌唱家相比，他更想做一个待在实验室搞研发的工程师，但他的愿望却遭到了爸爸的强烈反对。

爸爸对他说："你是我的儿子，你就要听我的。"一有时间，爸爸就带他去听演唱会，练发音，可是任凭爸爸怎么努力，他依然没有任何兴趣。这不，刚上初中，爸爸就给他报了声乐班，每天放学之后他需要去声乐班学习，每天早上同龄的孩子还在睡懒觉的时候，他就要起来练声。尽管如此，张瑞唱起歌来还是难听极了。现在张瑞学习也一塌糊涂，这让他极其郁闷。

爸爸发现儿子不仅在唱歌上没有什么进步，学习也受到了严重的影响，于是开始反思自己的初衷，也逐渐意识到了自己的不当做法。之后，他与儿子进行了一次促膝长谈，谈了自己的看法和想法，决定尊重孩子的想法，当然最后也获得了孩子的谅解。

父母过分干涉孩子的兴趣容易影响孩子对自己喜好的判断，使他对自己的爱好产生片面的认识，认为自己什么都不懂，从而失去自信。如果父母继续忽视孩子的兴趣，强加给他一些自己的想法，就会使他产生抗拒心理。有的孩子天生对钢琴没有兴趣，却被父母"逼迫"着每天练琴，结果琴技总是没有提高，于是恨铁不成钢的父母开始唠叨或者责骂，用诸如"你怎么这么笨"、"你真不给我争气"等言语责骂、刺激孩子。久而久之，孩子开始产生逆反心理，有的则变得自卑，甚至产生自闭倾向。

建议二：发掘并尊重孩子的兴趣爱好

古人认为，"学而优则仕"，现在的父母也普遍认为，孩子只有学习好才可以出人头地，学习好才有饭吃。其实，这个观念在今天已不再适用，

"三百六十行，行行出状元"，父母要做孩子兴趣爱好的发现者，为孩子提供发展兴趣爱好的条件，让孩子在发展个人兴趣爱好的过程中，树立自己的人生目标，而不是一味地强迫他"学习、学习、再学习"。做科学家可以成功，卖猪肉也可以成功，只要孩子有兴趣的，父母都要尽力支持他，而不能单纯地盯着他的学习成绩。

案例

小刚上初三后，对学习失去了兴趣，父亲用尽了办法都没有什么效果。

一天，父亲发现儿子竟然破天荒地坐在书桌旁看一本书，而且一坐就是近两

个小时。父亲特别开心，为了不打扰孩子，他既不敢开电视也不敢走路，心里还在念叨着千万不要有电话打来或者谁来敲门啊。

就这样又过了半个小时，父亲轻悄悄地走近一看，原来吸引住小刚的是自己几年前买的一本关于甲骨文的书。父亲大失所望，可是转念一想，也许这也是让孩子重新对学习感兴趣的一个好机会。于是他就借这个机会，给小刚讲述甲骨文的历史。小刚过生日时，父亲用甲骨文给儿子做了一张生日贺卡。平时，父亲还经常去书店给儿子买甲骨文方面的书，让儿子学写甲骨文。渐渐地小刚喜欢学习了，成绩也开始上升。有一天他和父亲说要考重点高中，还问以后大学里有没有甲骨文研究方面的专业。听到父亲肯定的回答以后，小刚更加努力，中考时他以优异的成绩如愿进入重点高中。再后来高中毕业后，他还以在甲骨文方面的特长被一所重点大学破格录取。

爱因斯坦曾经说过："兴趣是最好的老师。"古今中外，著名的专家和学者哪个不是因为对自己所喜爱的事物有着浓厚的兴趣，促使他们在自己所钟爱的领域中辛勤耕耘，最终收获辉煌成就的呢？达尔文也曾经说过："我有强烈多样的趣味，沉溺于我感兴趣的事物中，了解任何复杂的问题和事物。"天文学家哈雷，也是自幼就对天文感兴趣，然后努力追逐，最后在天文学领域作出巨大贡献。孩子做自己感兴趣的事情时，会感受到快乐，获得成就感，尤其是在青春期这个特殊阶段。一个孩子能否成功和这段时期兴趣的发展有莫大的关系。所以父母要强化孩子由于兴趣爱好产生的愉悦感，并鼓励孩子将兴趣作为自己的人生发展目标，这样孩子会更加主动积极地努力，也更容易获得成功。

建议三：引导和培养孩子的兴趣爱好

处于叛逆期的孩子，兴趣爱好往往是不确定的，作为父母，应该因势利导，既要为孩子创造发展兴趣爱好的条件，也要引导孩子选择良好的兴趣爱好。

案例

李杨今年 13 岁，从开始接触钢琴就表现出浓厚的兴趣。他参加钢琴培训班后，在不到一年的时间里就拿到了钢琴四级证书。每天放学后他都坚持到培训中心练习。妈妈问他："弹钢琴时有什么感觉？"李杨说："弹钢琴很有趣，每次弹都觉得很开心，手指在黑白键上跳跃的时候，我的心情也会不自觉地跟着快乐起来。"妈妈又问他："儿子，你这样学习钢琴能坚持多久呢？"李杨回答说："我想我会一直坚持下去，长大以后就像朗朗一样，也去维也纳演奏。"为了更加便于儿子学习钢琴，妈妈特地为他买了一架钢琴，尽管他们家庭经济条件并不是太好。这让李杨很开心，也很感动。他每天更加努力练习，他目光坚定地对妈妈说："我一定不会让您失望的，妈妈！"

李杨的妈妈通过和儿子的谈话知道儿子已经把弹钢琴作为自己的人生目标，并且想要取得更大的成功，所以她不惜"重金"，买回钢琴，让儿子勤加练习，强化儿子对钢琴的兴趣，这是一位明智而可敬的妈妈。其实每个孩子都有属于自己的兴趣爱好，有的孩子对音乐感兴趣，有的孩子喜欢武术，有的孩子擅长体育运动……其实在孩子的兴趣爱好得到满足之后，他更容易找到自己的人生目标。所以，对家长而言，我们不仅要尊重孩子的兴趣爱好，更要支持和培养他的兴趣爱好。

二、 孩子有自己的朋友圈子

析案明理

每个人生命中都有这样一笔特殊的财富，那就是朋友。有了朋友，不管我们遇到什么困难，都可以得到义无反顾的帮助，即便朋友远在天涯海角也会想办法帮我们解决困难。对于许多人来说，一生中最温暖、最持久的友情都是在青春时代建立的。

父母都有这样的经历：去参加朋友间的聚会时，会感觉很亲切、很开心、很自由，甚至可以从中找回年轻的感觉，打开青春时代那些或放肆、或调皮的记忆时，每个人的言语都会如开闸的水流滔滔不绝。这是一种幸福的感觉，是我们青春时代不可多得的宝贵投资。既然如此，我们为何不能帮助孩子做下这笔投资呢？

案例

阿灿想周末带朋友王瑞回家，一起分享父亲刚送他的生日礼物——一台遥控车，但是这种想法遭到了母亲强烈的反对，原因就是阿灿带回来的这个朋友是一个"坏孩子"。在学校里，王瑞经常做一些调皮捣蛋的事情，同学烦他，老师也不喜欢他，有的学生家长甚至要求自家孩子必须和他保持适当的距离。但阿灿和王瑞不一样，他乖巧、懂事，进入青春期以后，人格魅力渐渐地显现出来，大家都很喜欢他。

妈妈说:"阿灿,你和王瑞不是一样的孩子,他只会给你带来不好的影响。"

阿灿说:"妈,您不要老觉得王瑞很坏。其实他也有好的一面,只是他从小没有父母照顾才显得这样调皮。王瑞很可怜,他父亲病逝后,他妈妈就嫁了别人,他从小到大跟奶奶一起生活,他非常需要亲人的关心、朋友的关心、老师的关心,他也需要您的关心。"

妈妈听后愣在了那里,以前只是在开家长会时听说过这个孩子"劣迹斑斑",但一直都不知道这个孩子这么可怜。想到这里,妈妈忽然觉得儿子长大了,才15岁就已经懂得包容别人,关爱别人了,于是对阿灿说:"儿子,和妈说说,王瑞喜欢吃什么?妈去买菜。"

阿灿听见妈妈的话开心得又蹦又跳:"妈,王瑞喜欢吃回锅肉……"

周末,阿灿带王瑞来家里,妈妈做了一桌子王瑞爱吃的菜,王瑞感动极了。后来,在阿灿的帮助下,王瑞不再那么调皮了,学习成绩也提上来了,同学们也都和王瑞成了好朋友。

目前,独生子女缺少玩伴是一个不争的事实,虽然家里有满屋子的零食、各种好玩的玩具,还有爷爷奶奶每时每刻的陪伴,然而孩子还是感觉到了孤独。朋友的缺失,让孩子变得孤独、寂寞,这是亲情填补不了的空白。青春时期,如果孩子能够拥有几个真正的朋友,不仅可以帮助他找到自己的快乐和追求,还能帮助他稳定人生的航向。

所以,父母应当支持孩子交朋友,并尊重他们的朋友。尊重孩子的朋友不仅可以让孩子更加信赖父母,而且还可以促进孩子之间的友谊和交往,促使他们互相帮助、互相学习。朋友之间的这种影响,是父母的教育所无法取代的。

专家支招

建议一:赏识孩子的朋友,让他"见贤思齐"

许多家庭都有这样的情况发生:父母大都希望孩子和学习成绩优秀的同学交

朋友，而对那些学习成绩差或者调皮捣蛋的同学，则要求孩子"敬而远之"，甚至当他们得知孩子和一些"差生"来往的时候就会感到担忧，并且使用一切办法阻断他们来往。父母的这种做法自然令孩子很反感，为此经常引发"家庭战争"。

难道学习上的"差生"就什么都很差吗？答案显然是否定的。学习不好的同学，也有可能具备其他方面的优点。比如，篮球打得超级棒；长跑很擅长；写得一手好字；拥有一颗善良的心等。学习成绩好只是一个人诸多素质的一个方面，所以父母要多多发现孩子朋友的长处和优势，让自家的孩子取长补短。

案 例

张孝学习成绩优异，但是从小喜欢乱扔东西，长大以后依然如此。比如，从来不打扫房间，衣服扔得到处都是，找什么东西的时候常常要把房间翻个遍。妈妈怎么教育他都没有效果，只能每天帮他收拾。

初二下学期的时候，张孝经常带住在同一小区里的同学尹青青回来，青青的英语成绩一直不好，张孝每天和她一起做作业，然后帮她补习英语。有的时候，林妈妈做好吃的菜留青青在家吃饭，青青也很勤快地帮林妈妈择菜、洗碗等。渐渐地，林妈妈发现青青其实是一个非常爱干净的女孩，而且她穿戴从来都很整洁。林妈妈忽然有了主意，她想让儿子以青青为榜样改掉自身的坏习惯。

这天，林妈妈问儿子："你和青青是很好的朋友，对吧？""是啊！怎么了？"张孝不知妈妈葫芦里卖的什么药。"青青那么爱干净，怎么会愿意和你这样房间都搞得乱七八糟的人做朋友呢？"妈妈话里有话。张孝不好意思地低下了头，林妈妈接着说："不过，如果从明天开始你把自己房间的东西收拾得整整齐齐，我就不告诉青青你有这样的坏习惯……""妈，你千万别跟青青说，我收拾，我马上就收拾，我保证。嘿嘿……"说完，张孝开始收拾他的房间。

从此以后，张孝渐渐改掉了乱扔东西的习惯，自己的房间也收拾得又干净又整齐。

林妈妈不仅接纳了儿子的朋友，而且还发现了儿子朋友身上的长处，对其十分赏识，这本身也是对儿子的一种尊重。更难能可贵的是，林妈妈还让儿子向其朋友学习，吸取对方的长处，从而帮助儿子改掉了不爱收拾的坏习惯。这种做法，非常值得各位家长借鉴。

建议二：既要尊重也要适当引导孩子交友

对于孩子来说，有几个思想上、学习上志同道合的朋友，能够让他的生活更加丰富多彩，但是由于思想不成熟、社会经验不足的原因，他在选择朋友方面，还需要父母的指导。

由于父母和孩子的意见常常不统一，父母稍加阻拦，孩子很容易出现烦躁等逆反行为，所以只要对方品行不是很恶劣，父母还是尽量先尊重孩子的意愿。然后在他们交往的过程中，进行积极的引导和帮助。

案例

一位妈妈讲述了她和儿子的故事：一次，儿子在游泳课上认识了一个叫王涛的新朋友，可能是年龄相仿的缘故吧，他们说话很投机。上完课以后，王涛的妈妈邀请我儿子去家里吃午饭，儿子说很想去，我不好说什么，就同意让孩子去了。

午饭之后，我去王涛家接儿子，敲门进去，看到儿子和王涛正在客厅看电视，我向王涛的妈妈道了谢，就把儿子带了出来。我们一起坐上车，准备回家，可是一贯很听话的儿子，今天却一边不情愿地系安全带一边抱怨道："你看人家王涛，想什么时候看电视就什么时候看，他坐车也从来不用系安全带，人家爸妈都不管，你老管这管那的，烦都烦死了。"听着儿子的这些抱怨，我只是对儿子说："王涛怎么样，我管不着，但是我得管你，你必须系安全带！""你不可理喻！"儿子竟然冒出这样的话来。我听着儿子的话，当时觉得既震惊，心里又有说不出的难受。儿子在旁边却还不住地抱怨："王涛说想去哪玩儿，他爸妈从来都不会管，我呢？想去哪儿玩、去干什么，你都要跟着，整天就像一个跟屁虫。"

听到这些话，我突然意识到儿子正在和一个有不良习惯的孩子交朋友，如果我继续让他们交往下去，儿子很有可能会变得和王涛一样。所以，回家以后，我和儿子好好谈了谈，我对儿子说："你已经这么大了，有自己的交际圈子了，妈也不想过多干涉，只是你在选择朋友时，必须谨慎。就拿王涛来说吧，妈没有反对你和他交朋友，而且还同意你去他家玩儿，但是结果呢，你回来就开始抱怨。你不是小孩子了，有自己的判断力，你觉得自己对吗？"儿子当时不好意思地低下了头。之后，再也没有提起去王涛家玩儿。

在孩子的交友过程中，父母在尊重孩子交友意愿的同时，也需要给予孩子积极的指导和帮助。正处于青春期的孩子自制力和判断力相对较弱，很容易结交一些不三不四的朋友，受到不良影响，对此父母不要气急败坏地责骂孩子，而是要帮助孩子正确地认识那些行为的弊端，引导孩子远离不良朋友。

三、 有一种爱叫做放手

析案明理

现在的孩子大多是独生子女，所以，父母对这个"唯一"的孩子关怀备至，"捧在手里怕碎了，含在嘴里怕化了，看在眼里怕丢了"。孩子想要喝水的时候，父母已经把水倒好，只要张张嘴就行；当想要穿衣服的时候，妈妈已经把衣服撑好，只要伸伸手就行；新买的玩具，孩子不会玩，父亲就边看说明书边给孩子示范；想去哪里的时候，父母就直接送过去……如此的"关怀备至"导致孩子十几岁了仍然不会穿衣服，不会叠被子，不会收拾房间，不会乘坐公交车，不能判断是非好坏……长此以往，孩子就养成了懒惰的习惯，做事没有责任感，没有主见，没有创造力。因为孩子知道，不管他想要做什么，父母都会替他做，长此以往孩子就养成了一些不良习惯。

父母爱自己的孩子本没有错，但是如果因为自己的溺爱而做起孩子的"贴身保姆"、"行走拐杖"，那就不对了。孩子的事，父母帮忙做，既不利于孩子独立性格的培养，也不利于孩子自立自强。当然，孩子进入青春期，对很多事情都有了自己的看法和想法，希望自己的事情自己来处理，如果父母干涉过多，也容易激起他的逆反心理。

案例

　　媒体曾经有这样一分报道：14岁的江帆被一所名牌大学最热门的专业录取，但是入学不久却不得不退学……这一切都是因为他的自理能力差。如果妈妈不在身边照顾，他连袜子都洗不好，更别说照顾自己了。

　　据江帆妈妈讲：儿子从小就显现出比同龄孩子聪明，他刚上学前班的时候就已经会背很多古诗词了，我和老公都觉得儿子一定会成才，所以把所有的心思都放在儿子的学习上。老公主外，负责赚钱为孩子的学习提供物质条件；我主内，主要负责儿子的生活大小事。儿子提出的任何要求，只要有利于促进他学习的，我们都会满足。当然，其他方面的事情，大多也是我们替他做主，很少让他操心。比如，考大学选择专业也是我和他爸替他选好的。我们习惯上认为孩子在很多事情上没必要操心，只要专心学习就行了。结果，现在儿子14岁了，不会洗袜子、不会做饭、不会收拾房间，只要和学习无关的他基本都不会，更别提对自己的事情做主了，这样怎么可能适应大学生活呢？我这个做妈的，现在非常后悔。

　　一所羡煞旁人的名牌大学，以及一个随之而来的大好前途，却因为不会"洗袜子"而与这个聪明孩子失之交臂。对江帆而言，"洗袜子"这件小事反映出来的却是缺乏独立性这样的问题。在学习上，江帆是一个"强者"，或者说是一个"天才"，但是在生活中，他的的确确是个"弱者"。像江帆这样"高分低能"的弱者并不是只有他一个，这应当引起父母的重视。

　　好习惯可以让孩子终生受益，坏习惯则有可能让孩子终生遗憾。任何一个孩子都不可能依赖父母一辈子，所以父母应该在日常生活中尽力培养孩子的独立意识和责任意识，他自己的事让他自己做主，父母绝不能代劳，一定要让孩子从力所能及的劳动中体会到快乐，领悟到真谛，这样才能慢慢变得自立、自强。

专家支招

建议一：给孩子出"选择题"培养他的主见

每一个人的人生都是由很多道"选择题"组成的，选项可能有两个、三个或者更多，不同的选项通往不同的道路。父母都希望自己的孩子能够选出最准确、最适合他们的答案，然后踏上那条捷径，有所成就，所以很多父母经常用自己的经验来帮助孩子做选择，这直接导致了孩子长大以后不会自己拿主意，想买双鞋也要给妈妈打电话问"阿迪达斯"和"耐克"哪个更好。对于孩子来说，拥有自己的想法和观点，就等于拥有美好未来的奠基石。但是怎样才能让孩子在选择题中选出最正确的答案呢？

案例

临近中考，平时成绩很优异的小康陷入了苦恼，他不是担心自己会名落孙山，而是不知道要选择去哪个学校。

小康的爸爸是一位普通高中的化学老师，他看出了儿子的犹豫不决，于是对小康说："儿子，我知道你很纠结，可以和爸爸说说你的想法吗？"小康说："爸，我想在七中和四中两所学校之间作选择。"爸爸说："嗯，七中是重点高中，每年高考有一半考生可以考进重点大学，最差的也都能考进二本。四中属于普通高中，爸爸是那里的化学老师，每一年高考能考进重点大学的能有两三个人，能考上二本的也就一半，但是爸爸在那里更方便照顾你的学习和生活，而且四中学习压力比较小。"小康沉默不语，爸爸又问小康："儿子，你的理想是什么？"小康说："我想做一名主持人，我想考进人民大学……噢，爸，我知道了，我要去七中。"爸爸问："为什么决定去七中呢？"小康似乎有自己的主见了："虽然两所学校的老师都差不多，但是七中的学习氛围浓厚，去七中的同学都是想考进重点的，我将来要去人大读书，当然在七中上学考上的概率大啊。"

爸爸听后，微笑着点了点头，他明白儿子总算长大了。

如果孩子总是别人说什么，他就听什么，信什么，那么他就失去了判断能力，失去了自我。试想，在当今竞争激烈的社会大环境中，没有自己想法的人怎么能够生存呢？要想自己的孩子不被社会淘汰，父母就要把他培养成一个有主见的人。这样，即使别人提出了看法，他也不会人云亦云，仍然能够分辨出别人说的正确与否，是否需要采纳。

例子中小康的爸爸得知了小康的困惑后，并没有直截了当地告诉他应该怎么做，而是把两所学校的具体情况作了说明，又结合了小康的理想进行暗示，从而帮助小康作出了正确的选择。

建议二：还孩子独立空间，培养孩子自立自强

进入青春期的孩子独立意识越来越强，他不甘再做父母的附属品，希望能成为一个独立的个体，能有自己的成长空间，能够自己的事情自己做主。对此，父母在平时就要注重对孩子动手动脑能力的培养，如果"剥夺"孩子做事情的权利，那样只会让孩子继续成为父母的附属品。

案例

她是英国第一位女首相，也是任职时间最长的一位女首相，更是一位高瞻远瞩的政治家和外交家。在她任职期间，政绩卓著，领导才能不仅征服了英国人民，而且征服了世界。她就是人称"铁娘子"的玛格丽特·撒切尔。

玛格丽特之所以能够成功，得益于父亲罗伯茨从小对她的教育。父亲是一个鞋匠的儿子，通过自己的努力，开设了一家小杂货店以维持生计。

罗伯茨的爱好很广泛，尤其热衷于政治，受父亲的影响，玛格丽特从小就博览群书，对政治、历史、人物等书籍更是钟爱，所以，从小就对政治有了深刻的了解。

在玛格丽特5岁生日那天，父亲语重心长地对她说："宝贝，现在你要记住——凡事要有主见。用自己的想法和大脑来判断事物的是非，千万不要做毫无主见的跟随者，那种人云亦云的思维将会害了你！"

这就是父亲赠给玛格丽特的箴言，也是他送给女儿最珍贵的生日礼物。

为了把女儿培养成坚强、独立的孩子，父亲决定塑造女儿"严谨、准确、注重细节、对对与错严格区分"的独立人格。

在父亲这位"人生导师"的指引下，玛格丽特坚实、独立地成长着。

罗伯茨家的生活条件很艰苦，没有洗澡间、没有热水，甚至没有室内厕所，家中更没有像样、值钱的东西。

有一阵子玛格丽特迷上了电影和戏剧，几乎每周都去一趟电影院或是戏院，每次都是尽兴而归。

有一天，她的零用钱不足以支付日常基本开销，于是，她胆怯地向父亲"借钱"，却遭到了父亲的断然拒绝。父亲并不是不爱她，而是有意识地为她营造一种独立、自强、拼搏向上的生活氛围。父亲要让她知道，只有经济上独立，才能不受制于人。于是，父亲要求她到店里站柜台，在家中做家务，为她安排力所能及的事情，他不许女儿说"我干不了"或是"这太难了"之类的话，罗伯茨就以这种方法培养玛格丽特的独立能力。

玛格丽特到了入学的年龄，随着年龄的增长，她才惊讶地发现同学们都拥有比自己更自由、幸福的生活，原来在劳动、学习、礼拜之外还有如此广阔的天空。

她的同学可以和朋友一起骑自行车外出或是游戏。想想这一切，玛格丽特都觉得很诱人。

有一天，回到家的玛格丽特终于鼓起勇气对父亲说出了自己的想法："爸爸，我也想和小朋友们出去玩！"此时，威严的父亲说："你必须有自己的主见！不能因为你的朋友要做某件事情你就尾随其后，凡事你都应该自己做决定。"

见玛格丽特不说话，父亲的语气缓和下来，继续劝导她："孩子，不是爸爸要限制你的自由，而是你应该有自己的判断力，有自己的想法。现在是你学习的大好时光，如果你沉迷于游乐，那样的人生注定会一事无成，我相信你有自己的判断力，那好，现在你就自己做决定吧！"

听完父亲的话，幼小的玛格丽特依旧没有出声，父亲的话深深地刻入了她的脑海中，她想："是啊，我就是我自己，为什么要学别人呢？我还有很多事情需要做，刚刚买回来的书还没有读完呢！"

罗伯茨经常这样教育女儿："做事要有主见和理想，独立行事，彰显与众不同的个性，而不是让光芒隐藏在芸芸众生之中，千万不要盲目迎合他人。"在这种家庭教育的培养下，铸就了玛格丽特高度的自信和独立不羁的个性。

玛格丽特所在的学校经常会请人来做演讲，每次演讲结束后，总会给学生们留下自由提问的时间。此时，玛格丽特总是第一个站起来，大胆地提出自己的疑问，而其他同学都怯怯地不敢开口。

回家之后，玛格丽特会向父亲汇报一天的学习情况，父亲总是鼓励她说："孩子，爸爸为你拥有这样的自信感到骄傲，我相信你一定会成为出色的辩论家！"

有了父亲的鼓励和支持，玛格丽特对自己的口才充满了自信。上中学时，玛格丽特已经是学校辩论俱乐部的成员。

每一次上台演讲，玛格丽特从来都不怯场，但是她当时的演讲技巧并不高明，用同学的话说叫"不能振奋人心"，然而，玛格丽特对此却毫不顾忌。一有演讲的机会，她就滔滔不绝地发言。

有一次，因为大家对玛格丽特的演讲内容都不感兴趣，而且她又讲了很长时间，尽管当时台下不时地传来唏嘘声，但是，这丝毫没有影响她的兴致。

最后，讽刺、嘲笑随之而起，但这对一向自信、好强的玛格丽特来讲，根本就构不成威胁，她依然镇定自若地演讲着，即使台下所有人都走光了，她仍旧完整地讲完了。

很多同学对她的性格表示不理解，对周边人的议论，她毫不在意，一直保持着独立自信、我行我素的个性。

1974年，玛格丽特·撒切尔成为英国历史上第一位女首相，在处理重大国际、国内问题时，她清晰的思路、鲜明的观点、强硬的态度以及做事果断的风格征服了所有人，最终成为一位声名显赫的政治人物。

　　家长要让孩子自己多做决定，将自主权交还给孩子，培养他的自立能力和独立性。有些家长总是因为孩子小，剥夺他的判断力和选择权，有些家长会说，如果让孩子自由选择，他就会任性妄为，做出一些不可理喻的事情，完全按照自己的喜好做事。

　　在这里要说明一下，让孩子自己做主，并不是放任自流，而是有意识、有目的地培养他的自主能力以及独立做事的能力，促使其自我意识的觉醒，这对孩子的成长极为有利。

四、 有些路终要孩子自己走

析案明理

婴儿尝试着睁开双眼，然后看见了这个美丽的世界；幼儿尝试着迈开双腿，然后才学会了走路、跑步；父母尝试着让孩子离开家，然后他走进了学校……由此可见，孩子的成长需要不停地尝试。

前面我们提到过，进入青春期以后的孩子，情绪波动很大，一会儿"云淡风轻"，一会儿"愁云惨淡"，常常让父母搞不清他的想法。父母经常会因为不同意孩子做一件事情而引发双方的争执，最后父母伤心，孩子也不好受，与其如此，父母不妨放手，给孩子一个尝试的机会。比如，孩子过生日时，想要在家里自己主办一个派对，于是征求父母的意见，这时如果父母对孩子说"儿子，这件事你说了算"，那么孩子听到这句话往往会即兴奋又感动，他会觉得，父母是出于信任才会放手让他去做。父母的信任会唤起孩子与生俱来的骄傲，而随之产生的使命感也会促使他出色地完成这项"任务"。无论最终生日派对办得如何，孩子都能在尝试中得到历练，而他与父母的信任关系也会得到加强。

案例

从前，有一位国王想考一考他的大臣们，于是出了一道题。他把所有的大臣带到了一扇巨大无比的铁门面前，对他们说："这是王宫里最大的一扇铁门，你们之中有谁能把它打开？"

众大臣看了看这扇巨大无比的铁门，都纷纷摇头。

大臣们窃窃私语。这个说："这扇门这么大，又是用铁打造的，一定很重，一个人怎么可能推开呢？"那个说："这扇门一直就没有打开过，早就生锈了，我们是无法打开的，我看还是不要试了。"还有的说："这扇门后面肯定锁着呢，我们是不可能把它推开的。"有一位老态龙钟的老臣说："我都这把年纪了，哪有力气推开这么重的一扇铁门啊！"

不过，还是有几个大臣煞有介事上前看了看，可是他们并没有动手推门，因为他们害怕当众出丑。当然，也有几位大臣不明白国王的用意，认为静观其变才是最稳妥的做法。

正当大臣们犹豫不决、不知如何是好的时候，国王的小儿子快步走向了那扇大铁门。国王立刻用鼓励的目光示意他尝试一下，只见他用小手一推，大铁门豁然被打开了！——原来，这扇门本来就是虚掩的，根本没有上锁，尽管生锈了，但是并没有被封死。

此刻，大臣们面面相觑，一时鸦雀无声。国王微笑着望着自己的小儿子，赞许地点了点头。

在人的一生中，为了一个目标或者终生的梦想，有无数次尝试的机会，那些经历陪伴我们走过风风雨雨，带领我们品尝成功的喜悦和失败的泪水，但是不管怎样，尝试让我们在前行的道路上充满信心和勇气。

对孩子而言，尝试尤为重要。例子中国王用鼓励的目光示意小儿子尝试一下，才鼓起了孩子的勇气，在各位大臣都不敢尝试的情况下，孩子推开了那扇虚掩的大门。所以，当孩子想尝试去做某件事的时候，父母一定要给予鼓励和指导。

专家支招

建议一：不要阻止孩子尝试的那颗心

任何一个有成就的人，都有勇于尝试的经历。尝试也就是对未知世界的探索，没有探索就没有学习和成长。但是，在孩子成长的道路上，大多存在着一个父母用"爱"挖掘的陷阱，掉进陷阱里的孩子，被无情地剥夺了爬起来再次尝试的机会，从而错失成长的良机。

案例

有一次，刚上初一的李明和爸妈打赌说：自己可以帮妈妈去附近电器商城买"大件商品"，但是条件是让爸妈答应周末带他去游乐场玩。李爸爸觉得儿子的提议很好，也是时候让孩子学着自己做事了，就答应了儿子。

爸爸想了想，然后给了儿子1000元钱，让他为家里买一台微波炉。

往常都是爸妈带着他去电器商场买大件电器的，他从没有一个人去买过，想到这里，李明心里有一些害怕，可是如果不去买自己就输了，周末也不能去游乐园了。李明咬咬牙想：豁出去了。于是他拿着1000元钱匆匆忙忙地朝某电器城走去，一路上李明老觉得有人盯着他，吓得他把钱攥得紧紧的，生怕谁突然抢了去。好不容易到了电器城，走进去以后，李明告诉营业员说要买微波炉。营业员带他来到了微波炉区，并问他想要一款什么样的微波炉。他结结巴巴地说："我……我也不知道，我爸让我来买的。"营业员微笑了一下，然后根据李明家的需求情况为他推荐了一款经济实用的新款微波炉，然后带他到收银台交了钱，办理了相关手续，领了发票，并告诉他将会在第二天下午按指定地址送货上门。李明连连表示感谢，把发票等票据收好回了家。

回到家后，爸爸看着儿子带回来的发票等票据，连连称赞儿子"好样的"。第二天下午电器城果然派人送来了一台崭新的微波炉，李明高兴极了，他欢呼道："这回我赌赢了，周末可以去游乐场了。"

父母终究照顾不了孩子一辈子，与其给儿子"无微不至"的关怀，不如引导他自己去尝试做一些事情，让他渐渐地融入到社会中去。这就像他小的时候学走路一样，摔疼了以后，孩子不愿意爬起来接着走，但父母都明白，以后孩子终究要自己"脚踏实地"，所以孩子无论想要做什么样的尝试，父母都要给予他积极的引导和鼓励。

建议二：帮助孩子树立信心，坚定他尝试的脚步

孩子毕竟是孩子，青春期的孩子在尝试做事的过程中，难免会遇到各种各样的挫折。由于抗挫折能力较差，他在遇到挫折后会有强烈的挫败感，也很容易产生消极心理，甚至从此一蹶不振。这种情况是所有父母都不愿看到的，因此父母要做的就是帮助孩子树立信心，引导他再次尝试，直至成功。

案例

刘强的爸爸刚进屋就听到刘强"哎哟"了一声，爸爸忙跑过去看看是怎么回事，只见刘强把手背到身后，地上摆着一些木板和锤子。爸爸把刘强的手拿过来一看，只见他食指上被砸掉了一块皮，血已经渗出来了。

爸爸边帮他包手指边问："很疼吧？摆弄这些要做什么？"

刘强有些害怕地说："奶奶今年在咱家过年，奶奶年岁大了，家里的凳子都是那种塑料的，不够结实，我想自己尝试做一个木凳子给奶奶坐，可是刚才钉钉子钉手上了。爸，你别骂我啊。"

爸爸没想到儿子这么有孝心，笑了笑说："傻儿子，爸骂你干吗啊，以前我老不让你动这动那的，是怕你受伤，结果害得你现在上初中了，锤子都不会使。来，老爸教你怎么用。"

刘强迅速把手缩到背后："爸，还是你自己钉吧，我……我怕再钉着手。"

爸爸说："儿子，你那手就破一点皮，不碍事的，我教你学会了用锤子，你自己就能够钉东西了。来，听话。你奶奶看到你做的小凳子一定会特别高兴。"

刘强看着爸爸坚定的目光，点点头，小心地按照爸爸教他的方法使用锤子。

用了一下午的时间，刘强终于把凳子做出来了，他又找来一些布垫，把凳子面儿包装了一番。

过年时，奶奶看见这个凳子感觉很特别，不像市场上卖的那种，于是问刘强爸爸。刘强爸爸说："妈，那是您孙子专门给您做的，当然不一样啦。"奶奶听

了特别高兴，连声夸赞孙子孝顺，还给孙子发了一个大大的红包作为奖励。刘强非常开心。

很多父母都会把类似于锤子这样的"危险品"放在孩子够不着的地方，生怕孩子哪天找出来玩儿，伤着自己。但是，事实上孩子不可能永远不去接触这些东西，总有一天，孩子会用到这些"危险品"，因此父母要立足长远，尽量给孩子尝试的机会。例子中，刘强第一次拿起锤子钉东西时，砸伤了手，然后就不敢再尝试了，这时候爸爸鼓励他克服恐惧心理，并给予他足够的勇气和信心，当他第二次或第三次拿起锤子时，慢慢地就学会使用了。虽然这只是一件小事，但却说明了鼓励孩子反复尝试的重要性。

五、 认真对待并支持孩子的选择

析案明理

很多孩子进入青春期以后，还需要父母"无微不至"的照顾，这种现象在现代社会很普遍。从父母的角度而言，因为对孩子没有足够的信心，害怕他做错事、走弯路，大到人生目标，小到衣食住行，父母一样也不落下。从表面上看，这是父母对孩子的爱，而实际上却是对孩子的极度不信任。其实，对于已经步入青春期的孩子来说，他有很多事情都不再希望父母插手，更多地希望父母能够信赖他，支持他。

案 例

一位心理学家去一所中学作调研，校长请他帮忙鉴别学校里哪个学生能够如愿考上大学。心理学家欣然接受。校长从每一个班级中抽取五个学生集合到一个班级，心理学家只是在黑板上写下了一个问题：你想考上哪所大学？学生们把自己的目标写在了纸上，签上自己的名字。一刻钟之后，心理学家公布了部分学生的名字，并且说这些孩子将来一定能够考上大学，一定能成才。

被念到名字的学生非常开心，回家神气地对父母说："心理学家说我将来一定能考上我喜欢的大学呢！"

孩子的父母也惊喜异常，他们万万没有想到自己的孩子这么有出息。

从此以后，这些孩子在父母的千般呵护、老师的关怀和同学们的羡慕中迅速地成长。高考的时候，他们果然都考上了重点大学。

心理学家再一次来到这所学校作调研的时候，校长万分敬佩地说："您当初怎么看出那些孩子会考上大学的呢？"

心理学家笑了笑，小声对校长说："我不是先知，我怎么会知道哪个孩子会考上哪所大学呢？当时我就是看谁的名字读起来顺嘴，就念了谁的名字。其实，所有的孩子都是一样的。不一样的只是一些孩子得到了我的支持或者说是肯定，而另一些孩子没有得到而已。"

心理学家说完就走了，校长却愣在原地。

事实正是如此，只要教育的方法得当，每个孩子都有可能成就非凡的人生。但是什么样的教育方法才算得当呢？心理学家告诉我们说："孩子更需要我们支持他所作的决定。"其实，任何一个孩子都有很强的表现欲望，父母的支持和肯定能够让他更加坚定自己的选择，对人生更加充满自信，从而把自己的潜能发挥得淋漓尽致。

然而，在现实生活中，父母又是怎么教育孩子的呢？

小君上初中的时候，爸爸事业失败，他让爸爸不要在意，找机会还能东山再起，爸爸却训斥孩子说："你知道什么？好好上你的学，我的事什么时候轮到你管了？"

上高中时，小君想学文科，妈妈却觉得理科更好学，就擅自做主，给孩子报了理科。结果，高考成绩不理想。

父母并不是不尊重孩子，他们只是不相信孩子的想法和判断。父母一直认为自己吃过的"盐"就是比孩子吃过的"米饭"还多，而孩子经验不多，想法稚嫩可笑，无须顾忌。殊不知，父母的一再否定不仅让孩子失去了成功必需的元素——自信，而且很容易让孩子产生反叛心理，继而破罐子破摔，更别提追求更高的成就了。因此，父母要认真对待孩子的想法和意见，让孩子在父母支持的目光中茁壮成长。

专家支招

建议一：对孩子的选择要给予支持

信任孩子的最佳做法就是父母适当地放手，孩子的事让他自己作选择。即使孩子的想法还不成熟，父母仍然要正确对待孩子的意见，切不可包办或者直接否定。进入青春期的孩子，已经有了较完整的自主意识，他不愿意事事依从父母，他更渴求父母肯定自己的选择和判断。如果父母不懂得满足孩子的这种需求，孩子的自主意识就会被抑制，自信心也会受到打击。内心不服的孩子有可能变得脾气暴躁，久而久之很容易患自闭症等心理疾病。

为了改善这一点，最好的办法就是父母适当放手，听听孩子的选择。一千个读者就有一千个哈姆雷特，同样的道理，成年人和孩子看待同一问题，看法也不尽相同，也许孩子的想法稚嫩、可笑，父母也要表现出支持或肯定，然后再想办法完善孩子的想法。

案例

比尔·盖茨是美国微软公司的董事长。他15岁就能在著名的华盛顿大学的机房中研究编程，或者离开家去各地学习相关经验。上大学以后，他先到一家电厂里打工，并且为电厂设计计算机程序。后来，他在学校里认识了他最好的朋友——保罗·艾伦，两人在学校里就展开了合作。

在这段时间里老盖茨支持儿子作出的任何决定，包括从哈佛退学，创办微软公司。其实，对于盖茨夫妇来说，他们只希望儿子能够安安稳稳地读完大学，有可能的话拿个学位即可，但是他们最终选择默默地支持儿子创业，因为他们相信自己的儿子。

后来，比尔·盖茨把微软公司搬到了西雅图。老盖茨夫妻两人以实际行动支持着儿子的选择。母亲照顾儿子的生活起居，父亲为儿子的事业积累人脉，甚至还帮着劝说儿子大学时的同学加入微软。父亲的律师事务所后来还一度成为微软的法律顾问，为微软解决了不少法律问题。

举比尔·盖茨的例子，只是想告诉天下所有的父母：要相信自己的儿子。老盖茨是所有父母应该学习的榜样，不是因为他的儿子是微软总裁，而是他懂得支持孩子的选择。如果比尔·盖茨出生在中国家庭中，可能他不会取得今日的成绩，原因就在于我们中国的家长教育模式太僵化。明智的父母是不会觉得孩子作出的任何选择无厘头或者无所谓的，他们会正确引导孩子为自己的人生做决定。因为年轻，孩子可能会遇到更多的挫折，但是这些挫折会让他感觉到自己的人生是多么充实、多彩。

建议二：放手，让孩子自己选择他的人生

在实际生活中，有很多父母受到传统教育观念的影响，不相信自己的孩子。对于孩子说的任何话，提出的任何意见不闻不问，有的父母甚至直接给孩子铺出一条康庄大道，让孩子按部就班地去做就行了。但是孩子不但不接受，还很抗拒父母的安排，轻者顶撞，重者离家出走或者有更加极端的行为。父母就不明白了，什么事都为孩子安排得好好的，为什么孩子还是不满意呢？

一位美国母亲给了我们答案：与其为孩子选择未必完全适合的人生，不如让他在摸索中自己决定。

案例

凯瑟里是一所艺术学校里的美术老师，后来嫁给了中国人周蒙，夫妻二人非常恩爱。但是在儿子的教育上，两个人有很大的分歧。

周蒙一直在做房地产生意，他觉得房地产的前景很好，希望儿子以后能够在房地产领域有所成就。所以，儿子刚上初中的时候，他就和妻子商量着安排儿子出国留学。可是凯瑟里却觉得，儿子的人生要让他自己来决定。夫妻两个人各执己见，最后，夫妻二人决定听听儿子自己怎么说。

儿子大致地了解了父母的想法之后，说："爸爸妈妈，说实话，我对爸爸的'房地产'一点儿兴趣也没有，但是我对自己的人生真的还没有规划好，我不清

楚自己到底适合做什么。"凯瑟里对儿子说:"孩子,我和爸爸不会逼迫你选择你不喜欢的生活,你的人生你自己摸索。爸爸和妈妈都相信你有能力选择好自己的人生。"

在人类历史上,凡是有所建树的人,大都不是从父母铺好的康庄大道上走出来的。周恩来少年时就立志救国,从南开中学毕业后,父母让他去开拓自己的人生,最终他才实现了"为中华之崛起而读书"的宏大抱负。相反,当时的一些纨绔子弟,在父母的庇荫下长大,结果一生大都碌碌无为。

因此,孩子的人生要由他自己决定,父母不应该横加干涉,只能以自己的经验为孩子提供力所能及的帮助,指引孩子在正确的道路上越走越远。

建议三:不要急着否定孩子的想法

很多父母,孩子刚提出自己的想法,他们就根据自己头脑里的固有经验加以否定,从不理性地思考一下孩子的想法正确与否。其实,很多情况下,孩子的想法还是很有道理的,或者是很有创意的,父母对此不妨站在孩子的角度多想一想。

案例

张杰的父亲每天都会和儿子不定时地进行沟通,在这段时间里,主要是张杰把遇到的一些问题说给父亲听,然后父亲帮他出主意。可是,看上去很通畅的沟通,并没有取得预想的效果,儿子和父亲的沟通陷入瓶颈,父亲也百思不得其解。父亲抱怨说:"不管多忙,我都要给他争取出时间,帮他解决问题,可是最近我发现儿子似乎不愿意和我沟通了,真不知道他怎么想的。"

每天父亲都愿意挤出时间帮助孩子解决难题,为什么孩子却不愿意说了呢?张杰有自己的看法:"爸爸是每天都会和我谈心,我遇到什么问题他都会帮我想解决办法,但是我也有想啊,我的想法每次都被他一口否决,我感觉他都没有认真听。有时,我们解决问题的办法都差不多。爸爸根本不信任我,这令我很不开心,就不想和他说话了。"

　　父亲愿意倾听儿子的想法、心声的同时，要懂得给予孩子积极的回应。当张杰提出自己的看法时，父亲并没有在意，而只是一味地回绝，这让孩子的心灵很受伤，所以张杰最后不愿意和父亲说心里话了。所以，父母在倾听孩子的想法时，不要"嗯""哦"地应付，更不能一口否定，而是要肯定并且支持孩子的想法。

第四章
给予孩子家庭的温暖

为了孩子，父母会做一切事情，给予他无限的爱与关怀，在乎他的情绪，接纳他的叛逆，用爱心、耐心和恒心等他慢慢长大。但是，孩子还有一个更大的需要，就是家庭的温暖。家庭及家庭教育对一个人的成长和发展，能起到"引路""塑型"的决定性作用。孩子的健康成长需要一个具有保障机制的家庭，这样才有利于其身心的自然发展；相反，如果家庭成员缺损，家庭氛围压抑，继而造成教育缺损，势必使孩子的身心健康受到损害。因此，为孩子营造一个理想的家庭环境，就成为规避孩子叛逆行为的前提。

一、 珍惜你听到的声音

析案明理

父母经常会抱怨孩子什么心里话都不和自己说，孩子也说"父母根本不了解自己，不知道自己的需要。父母整天就知道说一些没有用的话，有那时间还不如听听我的心里话呢"。这种情况在当今社会非常普遍，父母和孩子都是怨言一大堆，那么到底谁是"受害者"呢？其实双方都是。父母以为孩子不喜欢自己，不爱自己，伤心不说，对孩子的爱也会变得迷茫。而孩子觉得父母不了解自己，不喜欢自己而变得自卑或者叛逆，不能够健康地成长。

其实绝大多数的孩子都是愿意和父母沟通的，但是由于一些原因两代人的沟通并不能顺利地进行，渐渐地，孩子觉得父母不愿意和自己说话，所以就闭嘴不言了。可是不沟通父母怎么能知道孩子的内心想法呢？不和孩子说说心里话，又怎么了解孩子的内心世界呢？

案例

庆林的学习一直都很努力，但是成绩一直都不是很理想。他不止一次地想和爸妈聊聊，问问爸妈的意见，可是看爸妈每天辛苦地工作，他总是开不了口。一次他数学考了49分，是历史上分数最低的一次，他很难过，很想找人诉诉苦，可是看到爸妈忙碌的身影，他选择把苦水继续憋在肚里。

庆林的心中一直被学习成绩这块大石头压着，愈发地喘不过气来，慢慢地对学习产生了厌倦心理，看到书本就想睡觉，因此成绩更加糟糕了。有一次他的成绩是全班倒数第一名，老师给他妈妈打了电话。回到家以后，妈妈看到庆林就是一顿臭骂："你说说你有什么用，学习都学不好，以后能干什么？真是不嫌丢人，以后你再学不好就别回这个家了。"说完气冲冲地回房间去了。

庆林的心里觉得特别的委屈，他本来想说出自己的心里话，可是爸妈却没有给他这个机会。从此，庆林就像是变了一个人似的，几乎每天都不说话，对什么事情都不上心，学习成绩也是稳坐"倒数第一"这把交椅。

如果庆林的爸妈能够及时地和孩子谈谈心，多关心一下孩子的心情，那么庆林就不会变成最后这个样子。他不止一次地想和父母沟通，但是父母却一直没有给他这个机会，心中的迷茫和委屈没有人听，也没有人帮助他，慢慢地他就"变了一个人似的"，心理健康受到了严重影响。

父母都希望自己的孩子能够茁壮成长，希望他健健康康地度过自己的青春期。既然如此，那么就应该多陪陪孩子，听一听孩子的心里话，让他有机会把心里的委屈、不满和迷茫及时地说出来。这样父母才能够真切感受到孩子的痛苦和无助，并且及时地提供帮助，让孩子快乐地度过自己的青春期。

专家支招

建议一：珍惜孩子和你说心里话的机会

很多时候，孩子都会向父母表现出想说出心里话的渴望，但是父母不是表现出不耐烦就是不珍惜这个机会，时间久了，孩子就会产生厌烦的情绪，这不利于亲子之间的沟通。

案例

小辉最近遇到了麻烦，每天放学以后，高年级的几个坏学生就会在回家的路上拦住他，向他要钱。如果小辉不给他们，他们就威胁小辉说要打他。小辉特别害怕，开始，小辉特别想和妈妈说说这事，但是每次妈妈都说没工夫，几次下来，小辉也不想说了，只是每天编各种谎言骗父母的钱，有的时候父母不给，他就偷。

一次那几个坏学生找他要钱的时候，正好被买菜回家的妈妈碰上了，妈妈得知儿子每次骗钱都是给那些坏蛋以后，非常生气。小辉这才说出藏在内心很久的话，他说："那能怪我吗？我当初也想和你说，可是你老说没时间，我根本就没有机会说啊！"妈妈这时才想起之前有一段时间，儿子似乎有什么心事想和自己谈谈，但是由于自己工作忙就没有答应，后来有了时间，儿子也没有再提起，她以为没事了，就没有问儿子，没想到事情竟然这么严重。妈妈连忙和儿子道歉："儿子，真不好意思。妈前段时间真的是忙，把这事给忘了。原谅妈，以后妈一定把你的事情放在第一位，你有什么心里话仍然找妈妈讲好不好？"这时，小辉又有些不好意思地说："妈，其实……我前几天偷过你的钱。"妈妈听后没有像往常那样发脾气，而是温和地说道："你这个讨厌鬼，我说我的钱怎么对不上账呢。"小辉也调皮地说道："我那也是没办法，那几个人老说要揍我，我怕你看见我被揍得鼻青脸肿心疼啊。以后我保证不再这样了。"妈妈温柔地搂过儿子，说道："儿子，你知道错了就好。现在，妈希望你摆脱那些人的纠缠。""嗯！妈，其实他们欺负过很多同学，明天你陪我去学校好不好？我要把这件事情告诉老师。"

第二天妈妈陪着小辉去学校向校长举报了那几个学生，后来那些学生都受到了学校处分。

如果小辉的妈妈能够珍惜儿子想要和自己说心里话的机会，那么小辉被同学敲诈的事情以及后来的偷钱行为就不会出现了。所以父母一定要抓住孩子想要和自己袒露心扉的机会，及时满足孩子的心理需要，帮助孩子解决遇到的问题。

建议二：对于孩子的心里话父母要认真对待

上初中以后，很多孩子都觉得和自己的父母没有共同语言，不想和父母说自己的心里话，这和父母不懂得用正确的态度对待孩子有很大的关系。现在的父母大多也知道应该关心自己的孩子心里在想什么，可是真当孩子和他们说出心里话之后，不是大惊小怪就是神色慌张，或者不把孩子的话放在心上，甚至有的父母把孩子的心里话当成长辈们的谈资，这让孩子的内心很受伤。孩子的心里话一般都是自己在生活中遇到的困扰，有很多困扰父母如若处理不好，很容易导致孩子产生叛逆心理，阻碍亲子之间的交流。所以当父母听到孩子的心里话以后，一定要认真对待。

案例

王强经常和爸爸说自己的心里话，有一些连他自己都觉得很离谱的想法，爸爸也会很认真地对待。

前天晚上，王强放学回来以后，把书包一扔就趴在了沙发上。爸爸关心地问："儿子，你这是怎么了？"王强头也不抬地回答道："爸，我爱上了一个女人。"正在喝茶的爸爸被王强的话惊得呛住了，爸爸边擦身上的水渍，边问："你说什么？我好像听错了。"王强坐起来，一本正经地说道："我说我看上了一个女人"。爸爸听了儿子的话，觉得好可笑。他说道："儿子，你才12岁，什么样子的女人被你看上了啊？"王强看着爸爸说："爸，你认真一点，我真的看上了一个女人，我没开玩笑。""好吧，儿子，你说说那个女人的条件吧。"爸爸也正经起来。"她……有一头黑黑的头发，一双大大的眼睛，最重要的是她对我特别好，很关心我。"王强说道。"哦？"爸爸将信将疑。"可是她有男朋友。"王强沮丧地说。

爸爸有些明白了，不出意料的话，这个女人应该是一个成年人，并且很有可能是儿子的老师。爸爸对儿子说道："那你觉得你和她的男朋友谁更适合她呢？""她男朋友呗！这还用说吗？不过尽管如此，我也不会放弃的，我要努力学习，将来有出息，然后找一个和她一样漂亮、对我好的女人。""嗯，那你为什么刚才还一副失魂落魄的样子啊？"爸爸边继续喝茶边说。"哎呀！人家不是失恋了嘛，不过现在说完之后好多了。"

喜欢老师是很多孩子进入青春期以后共同的现象。他会拿各个任课老师作比较，自己喜欢的老师通常这一科目的成绩也很好，这是一种普遍存在的现象，但是如果父母处理不好就很容易让孩子形成不健康的心理，对孩子的成长产生负面影响。王强的爸爸知道儿子喜欢上他的老师以后，做了一个很好的倾听者，和儿子进行了很融洽的沟通，并给予了适当的引导，缓解了孩子的心理压力。

很多孩子对父母有成见，觉得和父母沟通起来十分困难，主要的原因就在于当孩子和父母说心里话的时候，父母不懂得认真对待，导致孩子觉得父母不理解自己、不尊重自己，此后就把父母关在心门之外了，再也不愿向他们说心里话了。

建议三：营造轻松的氛围，引导孩子说心里话

当孩子什么都不对自己说时，父母要怎么办呢？有些父母会觉得孩子不说自己倒也省事了，干脆什么都不问了。其实，这样做也是不对的。孩子对父母保持沉默，是因为对父母没有足够的信任，他不相信父母会为他保密或者真心地在乎自己的感受等。一旦孩子形成了这种心理，那么对孩子的成长和亲子之间的关系都会产生危害，所以孩子不愿意对父母说心里话的时候，父母要注意放下自己的架子，给孩子营造出一种轻松的谈心氛围，这样孩子才会敞开心扉，让父母了解他的内心世界。

二、 做孩子的知心辅导员

析案明理

语言是人与人之间沟通的桥梁，很多父母都会注意和成年人之间的交流，却很少注重和孩子之间的交流技巧。孩子在成长的过程中，会遇到很多问题，随时都有可能感觉到茫然无措，当孩子被难题困扰的时候，最直接的反映往往是向父母倾诉。孩子期望父母能够倾听他们的心声，并且缓解自己的紧张情绪，帮助自己想出解决问题的办法，在孩子心里，父母就是坚强的后盾、安全的靠山。

案例

一个 13 岁的男孩曾经几次离家出走，他讲述了和母亲的境况："我和妈妈之间就像有一条鸿沟，我们的想法总是不能统一。我不止一次地想和她谈谈，但是她总是一脸的不耐烦；有时候我是真的很烦，不想说话，但是她又步步紧逼，非得我发脾气，和她吵一架才行。我真的很想和她说说话，但是每次刚要开口，她就打断我，说我净说没用的。有时候我真恨不得是个女孩，那样就可以做妈妈的'小棉袄'，和妈妈的心也不会离得这么远了。"

在生活中这样的例子数不胜数，很多孩子在父母面前就像被包了很多层的"木乃伊"，他们不愿意向父母敞开心扉，究其原因，就是父母不懂得倾听他们的心声。

最近，张洋的精神压力很大，上次的考试成绩下降了很多，他很想和妈妈说一说。

吃晚饭时，他刚要张开嘴，却被妈妈说了一通："干嘛呢？吃饭时就吃饭，吃完赶紧看书去，还有几天就要小升初考试了，咋还不知道抓紧复习呢？"张洋被堵在了那，委屈得眼泪掉了下来。

妈妈看到他的眼泪霎时慌了，"这是怎么了，我就说一句，怎么就哭了呢？"

张洋边哭边说："本来想和您说说话，您却拿学习堵我。妈，我上次考试成绩下来了，我数学成绩下降了好多。您先别着急骂我，我真的努力学习了。您也知道我数学本来就不好，新换的数学老师讲课还特快，我根本跟不上啊，他上课提问我，我都不会，他就当着全班学生面批评我。我觉得特别委屈，不想再学了。"

妈妈听到这话，"扑哧"笑了，说："傻儿子，好了，别哭了，跟个小姑娘似的。其实妈不是喜欢骂你，只是督促一下，没想到你这个小家伙对妈怨气还不小。从明天开始，妈陪你学数学好不好？老妈亲自教你，不会的就问，老妈保证不批评你。不要有压力，那考试也没什么大不了的。"

张洋停住了流泪："真的？您亲自教我啊？"妈妈点了点头，说："儿子，以后有什么事就和妈说，你解决不了的妈帮你。"

有了妈妈的帮忙，张洋的数学成绩有了明显好转，上课时回答老师的问题也很积极。

其实，在孩子的内心深处，都希望与父母交流的，遇到不开心的事首先想到的就是和父母说说。很多时候孩子向父母倾诉，也并不是想让父母帮他解决什么问题、给什么建议，只是单纯地想让父母做一个倾听者，听听他内心的想法，帮他排解一下不良情绪。父母不要小看"倾听"，倾听看似简单，但是对孩子的成长以及心理健康有莫大的帮助，通过倾听这个动作，可以让孩子深切感受到父母对自己的爱,让他知道在这个世界上他并不孤单,父母是他忠实的听众,是他心灵永远的归宿。

专家支招

建议一:要认真倾听孩子心声

倾听,是一种重要的沟通方式。在家庭教育中,认真倾听孩子说话是对孩子的一种尊重,它让孩子感觉到父母把他当做"大人"了。这种情况下,孩子更愿意打开心扉,把心里最真实的想法说给父母听。但是。在现实生活中,许多父母因为工作忙或者其他原因而无法集中精神听孩子诉说,或者干脆用一些无关痛痒的话来敷衍孩子,这都会让他很受伤。

案 例

一天,小辉放学一进家门就说:"我讨厌学校,我再也不要去学校了!"

妈妈一边玩"斗地主"一边问:"怎么了这又?"

小辉接着气鼓鼓地说:"体育老师偏心,整班学生一样上课,可是派发排球的时候偏偏让女孩发,那个女孩每次发球的时候都把瘪的排球发给我们男孩,气打得鼓鼓的排球留给她们女孩。球都是瘪的,让我们男生怎么玩儿啊?我们找老师要求换球,老师却让我们学会谦让女孩,凭什么啊!"

"嗯。"

"妈,您'嗯'什么啊?不是我们男生小气,这都不是一次两次啦,您在听我说话吗?"

小辉没有听到妈妈说话,向妈妈望去,只见妈妈还在兴高采烈地"斗地主",就好像没有听见他说话,小辉不高兴了,他大声地责问妈妈:"妈!你到底专心听我说什么了吗?"

这时,妈妈不耐烦地说:"喊什么啊,我还没聋呢!多大点事啊,至于吗你?"

小辉看着妈妈满不在乎的样子,生气地回到了自己的房间,吃晚饭的时候也没有出来。而妈妈还问爸爸，小辉又在闹什么情绪。

从小辉的角度看，妈妈对自己所说的事情如此不重视，他多么失望。小辉原本希望妈妈能够从他的角度安抚一下他的情绪，谁知道妈妈不是用一句"嗯"应付，就是表现出自己的不耐烦，这让小辉的心情更加糟糕。

如果所有的父母都像小辉的妈妈那样不把孩子的事情放在心上，那么对孩子以及亲子沟通都是不利的。孩子在外面遇到了困难，受了委屈，回到家里以后家人的漠视不仅让孩子的情绪得不到缓解，而且会加重他心灵的创伤。细心的父母一定要在孩子遇到难题时，及时地了解孩子的情绪，帮助孩子打开心结。

建议二：安排专门时间倾听孩子的心声

父母对于孩子的爱是世界上最深厚的情感，是其他人无法体会到的。在日常生活中，父母可能不会对孩子说一句"我爱你"，但是放学回家后热腾腾的饭菜，天冷了加在身上的棉袄……都饱含父母浓浓的爱意。不过，随着都市生活节奏的加快，社会竞争压力的日益加剧，父母关爱孩子的时间也被挤压得越来越少，当然用来倾听孩子心声的时间更是少之又少，这让很多父母感觉苦恼，也让孩子感觉到无奈。

父母和孩子沟通，倾听必不可少。没有充足的时间和孩子沟通不是父母的错，更不是孩子的错，但是所有的后果却要孩子来承担。父母与其在那里埋怨谁怪谁，不如安排合理的时间促进和孩子的沟通，尽量争取出时间倾听孩子的心声。

案例

已经上六年级的小洋，今天很快就做完了作业，等着八点钟的"家庭会议"。妈妈每天都很忙，为了保持和孩子的良好沟通，与孩子分享一星期的点点滴滴，每星期五晚上八点她都会出现在家里，准时倾听孩子积攒了一个星期的"心里话"。

小洋："妈，跆拳道让我觉得好累，我不想再去练了，我想学画画，画画很有意思，而且我也很喜欢。"

原来妈妈看小洋的同学都在参加各种各样的特长班，怕小洋被别人落下，于是为小洋选了跆拳道训练班，但是她却不知小洋有自己的想法。

妈妈听了小洋的话，恍然意识到自己忽略儿子的想法是错误的，拉过小洋说："儿子，真的很对不起，妈事先没有充分征求你的意见，下星期就让你去画画好吗？"

小洋说："妈，我知道您是为了我好，画画我不会白学的，我以后想做个平面设计师。"

妈妈说："好，这星期学校有什么开心事和妈说说，让妈也乐呵乐呵。"

小洋兴致勃勃地和妈妈讲述这星期学校里发生的事情，哪个同学上课睡觉流口水，哪个同学读课文念错字出了大笑话……妈妈都在很专心地听，孩子说到开心事时，一起陪孩子笑。这让小洋感觉很放松。

倾听，是父母了解孩子神秘而丰富的内心世界的有效途径，同时还能帮助孩子消除不良情绪，减轻心理压力。所以，父母要经常给孩子提供诉说的机会，哪怕一天只有几分钟，或者像例子中的妈妈一样一星期召开一次"家庭会议"等，都是不错的倾听方式。用尊重、信任打开孩子的心门，促使他表达想法，畅所欲言，把心中的高兴、快乐抒发出来，把心中的郁闷、愤懑发泄出来，这都有利于他平安、健康地度过青春期。

三、 其实我懂你的心

析案明理

经常听到家长有这样的抱怨，"现在的孩子都在想什么啊，什么都不和父母说，父母问的话，他还反感，简直就是没法沟通""都说孩子和父母之间有代沟，现在我才相信，我儿子说的那些话我们都听不懂。不过，我也懒得听，他不惹祸就行了"……父母和孩子朝夕相处，是孩子最亲近的人，可是为什么父母会认为和孩子根本没法沟通呢？

社会压力越来越大，父母每天除了要照顾孩子，还要辛苦工作以维持日常开销。为了节省时间，很多父母都喜欢在吃饭的时候给孩子讲述大道理、空理论，并且以为这就是和孩子进行沟通了。父母可还记得孩子当时的反应？孩子往往会对父母说"哎呀，你别说了。我都听了一百八十遍了"，然后放下饭碗说一句"我吃完了"就回了他自己的房间。很多青春期孩子表示特别讨厌父母这种所谓的沟通方式，他们真正期盼的是父母每个星期能够空一段时间耐心地和自己聊一聊。沟通不是父母单方的灌输思想，而应该是双方思想的"碰撞"。

案例

小智已经来北京两年半了。在这期间，他一共出走了四次，这次的出走时间是最长的，有半个月的时间。父亲在警察的协助下，终于在某个派出所里找到了他。当父亲看见小智的时候，小智没有马上扑向父亲的怀里，而是把身体蜷缩得更紧了。

小智的父亲是一家公司的保安，工作时间不固定，还经常上晚班。平时在家里，跟小智接触的时间也比较少，加上小智小时候是跟爷爷奶奶一起生活的，来北京的时间也不长，他们父子相处的时间少，并且双方缺乏良好的沟通方式，这让这父子间的关系有点紧张。

"他在想些什么，从来不肯对我说。"父亲对儿子的沉默也十分头疼。他承认，平时会对儿子进行打骂。"但是那都是有原因的，经常会有邻居跟我说，小智把他们家的啤酒瓶、炒锅什么的，拿去卖给收废品的了。"父亲说，"像这回儿子的离家出走，就是因为他放学回来后，说什么也不肯进门，他母亲在屋里催着他吃晚饭，我当时有些着急，说的话有点重'你要么给我进来，要不就滚出去'，结果我吃完晚饭出来，发现他就没有了踪影。"

但是对于离家出走，小智说："我看到我爸，就像老鼠看见猫，什么都不敢说。有的时候，我宁愿睡在大街上，也不想回家看我爸的脸。"

是什么原因导致孩子看见自己的父亲像是老鼠见了猫一样呢？答案很显然，这位父亲没有和孩子进行有效的沟通。随着生活节奏日益加快，父母要很努力地赚钱养家，在外面辛苦工作了一天以后，回家还有洗衣、做饭等很多的事情要忙，往往没有耐心再和孩子进行沟通交流，这就很容易导致亲子关系紧张。

专家支招

建议一：和孩子的沟通，没有重视就更不会有耐心

造成亲子关系紧张有一部分原因是，父母并没有意识到与孩子多进行交流沟通的必要性。父母处处以长者自居，根据自己的经验教育孩子，不重视与孩子之间的沟通。这样的家庭教育不仅不能促进孩子身心的健康发展，还很容易激起孩子的反抗情绪，使双方产生更多的矛盾。父母如果不重视和孩子沟通，和孩子说话也会没有耐心，更别说倾听孩子的心声了。

案 例

一位江西赣州的母亲和我们分享了她和儿子的事情。

儿子才 14 岁，成绩在班里一直就是中等水平。我和他爸爸工资都不高，为了供他上学起早贪黑地工作。可是他整天不想着怎么去学习，而是想着怎么打扮。我和他爸爸骂了他几次，他非但没有收敛一下，还变本加厉。一天都能把头发摆弄出两三个花样。他爸爸一怒之下打了他，但是打过之后，不见效果，儿子仍然当着我们的面像小姑娘一样搽脂抹粉，好像什么事都没发生过。对此，我们真的感觉无望了。

后来，我们在一个朋友的引荐下带儿子去看了一位著名的心理医生。那位心理医生对孩子进行一番询问后，告诉我们："孩子已经进入青春期了，你们不能像以往教育小孩子一样了，那样只会让孩子抵触你们。作为家长，你们要懂得经常和孩子进行沟通。"我问医生："他就是一个孩子，需要什么沟通啊。我们尽量满足他的需要，这不就行了吗？"医生告诉我说："你这样想就大错特错了。孩子是一个独立的个体，你们身为父母要重视和孩子之间的交流和沟通。进入青春期以后，孩子会出现很多逆反行为，不沟通怎么解决问题啊？"不仅如此，医生还建议我们像朋友那样和孩子沟通，以朋友的口吻劝导孩子，渐渐地让孩子把心思转移到学习上来。听了心理医生的话之后，我们才意识到自己犯了多么大的错误。

带儿子回去以后，我们开始重视和孩子的沟通。通过聊儿子感兴趣的话题或者和儿子一起做他喜欢的运动等，拉近和儿子之间的距离。渐渐地，我们发现儿子有什么想法时，会和我们说，他真的把我们当成了朋友，而不是父母。发现儿子的转变以后，我们当时开心极了。

儿子喜欢在脸上涂各种化妆品，为了拉近和儿子的关系，对化妆品过敏的我决定用"苦肉计"。我开始跟着儿子学化妆，刚化完不久，我的脸上就开始红肿，儿子陪我去看医生，医生说是过敏，并且警告我以后不能碰任何化妆品。儿子为此非常后悔，再也不弄那些化妆品了。我的计划取得了圆满成功。

有人说，青春期的孩子是父母的"冤家"，父母让他往东走，他哪个方向都可能会去，就是不往东走，这就是孩子的叛逆心理。所有的孩子都希望和父母能够进行顺畅地沟通，只是父母每天有很多事情要忙，所以常常忽视和孩子的沟通，很容易让孩子产生父母不重视自己的错觉。长此以往，十分不利于孩子的身心健康。

建议二：如果孩子不喜欢当面聊，父母可以尝试多渠道沟通

没有不听话的孩子，只有不会沟通的父母。父母不要说和孩子没有共同语言，不能很彻底地沟通是因为父母不懂得利用多种渠道。很多父母与孩子的沟通方式已经落伍，孩子对老一套早已厌烦至极。因此，任凭父母讲得天花乱坠、口干舌燥，孩子依旧是一副"你说你的，我做我的"的态度。

由此可见，单纯面对面的沟通不能引起孩子的兴趣时，父母要尝试其他渠道的沟通。

案例

凌风经常加班到深夜才能回家，所以很少和儿子当面交流。自从家里买了电脑以后就不一样了，凌风可以和儿子通过 QQ 随时随地聊天。这一天，凌风又加班了，累了时他看儿子 QQ 在线，就和儿子聊了起来。

凌风：儿子，我去你空间相册看了，你们班同学美女好多啊！

儿子：是啊！我们班的美女多，在下课时间，别的班级好多男孩都趴我们班门口看美女。

凌风：是吗？儿子，你们班有你喜欢的类型吗？

儿子：呵呵……

凌风：我问你呢？你怎么不说啊，有吗？

儿子：有一个。

凌风：是吗？让我猜猜我儿子会看上哪个呢？是不是学习很好的那个？

儿子：是啊，人家学习好着呢，不像我……

凌风：我儿子也不赖，只要努力，一定赶得上她。

儿子：爸，你说的是真的吗？我一定努力，还要超过她，让她喜欢我，嘻嘻！

父母工作再忙也不能忽略与孩子的交流沟通。凌风通过和儿子QQ聊天，不仅保证了和孩子必要的沟通时间，也避免了父子当面沟通的尴尬，还巧妙地发现了孩子的潜在问题。通过两个人之间的QQ对话，父亲发现儿子"喜欢"上了班上的一位女同学，如果当面沟通的话，出于顾虑、害怕等原因，儿子很有可能隐瞒此事，最后导致他陷入早恋的漩涡，做父亲的可能还一无所知。

建议三：孩子发脾气，父母要保持平和心态

喜欢发脾气是孩子进入青春期以后的一大特点。在父母和孩子交流沟通的过程中，孩子有时候往往莫名其妙地就发脾气，这让父母摸不着头脑。每当这时，很多父母会发更大的脾气以"震慑"住孩子，但是结果通常会更加糟糕。

案例

刘瑞是在单亲家庭长大的孩子，他今年已经上初三了，虽然学习成绩不太理想，但他一直是老师和妈妈心中比较听话的孩子。老师留的作业他一直都能按时完成，妈妈吩咐的一些力所能及的事情他也都能尽力做好。即使犯了错，他也会努力改正。

可是一天早上，刘瑞的妈妈给老师打来电话，诉说儿子的不良表现："早上怎么叫他起床都不起，吃完饭时间已经不早了，刚到楼下又想起忘记拿昨晚做的模型，我说忘了就忘了吧，和老师解释一下明天再拿，可是他说今天数学老师讲课要用，于是我就匆忙回家取。等我送他到学校门口的时候，上课预备铃已经响了，突然他就在校门口跟我闹，书包里的东西摔了一地，那个模型也被他扔了。"听到这儿，老师想起前几天刘瑞因为上课迟到挨过几次批评，心想可能他在听到预备铃响起的时候，心里着急了。

老师刚想安慰刘瑞的妈妈几句，却听刘瑞的妈妈接着诉苦说："老师，你不知道，刘瑞现在特别不像话，那模型他昨天就做了半个晚上，作业也不写，磨磨蹭蹭的。你说我白天上班，回家又得做饭，给他辅导功课，我容易吗？他都这么大了，怎么就不体谅一下我呢？现在他脾气还见长了呢，在校门口当着那么多人的面说翻脸就翻脸。你可得帮我好好管管他啊，这样哪儿成啊，不行，今天晚上我得跟他算总账。"

老师忙安抚刘瑞的妈妈说："你可别！他现在正处于青春叛逆期，这都是正常现象。你要和他多沟通沟通。刘瑞妈妈继续说道："我一个人拉扯他，整天上班，哪有时间理他啊。他都那么大了，还需要什么沟通啊。""刘瑞妈妈，你听我的，今天晚上他回去以后，你就当什么事儿都没发生一样，并且和他聊聊别的，谈谈你的故事什么的，孩子如果和你承认错误，你以后就别提这件事了。孩子都有小脾气，大人就别和他计较了。"刘瑞妈妈答应了老师的提议。

晚上，刘瑞回家以后，妈妈没有提早上的事情，还说了很多年轻时候受苦的事情。刘瑞听着妈妈的经历，再想想早上自己的胡闹，越发愧疚，最后向妈妈承认了错误。

发脾气是孩子在青春叛逆期普遍存在的现象，即使一向很听话的孩子也不例外。刘瑞生长在一个单亲家庭，母亲是他唯一的家长，家庭成员过于单一。并且，孩子小时候母亲可能过度关注、干涉他的生活，这让他产生了依赖心理。当他进入青春期以后，对母亲的这种依赖心理很容易转化成叛逆情绪。刘瑞在校门口和母亲大吵大闹就是其叛逆情绪的爆发。

在沟通过程中，孩子向父母发脾气，父母要懂得忍耐。家长也是从孩子的年龄过来的，在和孩子保持有效沟通的同时，要放弃传统的说教，心平气和地和孩子进行沟通。

四、"棍棒底下出孝子"已过时

析案明理

在中华民族几千年的历史中，父母教育孩子大多都是采用严厉批评、训斥、惩罚的方法，甚至至今仍然有父母在使用这种方法。比如，前不久在网上闹得沸沸扬扬的"狼爸"和"虎妈"，他们用这种方法固然也能教育出"人才"，那就是自己的孩子或者考上了名牌大学，或者在某个领域小有成就。然而，科学的教育理念告诉我们：一个人能够取得成就，主要是因为他对某一方面产生了浓厚兴趣，然后自觉地走上了学习的道路，树立了远大的目标并且努力去追求，最终成为一个有成就的人。而这种成就的取得，绝不是因为严厉的管束、训斥、打骂和处罚，而是适当的鼓励和赞美。

案例

驯兽师彼得·巴勒曾经做过这样的一个实验。

第一种实验：当小狗在表演过程中做对了某个动作时，巴勒就上前轻轻地抚摸它，对它进行一番赞美或者赏给它一块肉，并且逗它一下，权当是对它的认真学习进行嘉奖。

第二种实验：当小狗在表演过程中，犯一丁点错误的时候，巴勒便责骂、鞭打它，让它记住做错动作就会被教训；而当它做对时，也没有什么表示。

通过实验，巴勒发现前者比后者的效果更好，被赞美的小狗更加容易记住，并且做对各种表演动作也非常愿意配合。因此，从此以后巴勒一直用第一种方法训练动物表演杂耍。后来像洛克这样的心理学家也在人身上做了同样的实验，结果发现受到赞赏、夸奖的人取得了很高的成就，而受到批评、训斥的人并没有取得什么成果。

实验充分地说明鼓励和赞美远胜于批评和训斥。但是在赏识教育日渐普及的今天，仍然有许多父母秉持"棍棒底下出孝子"的理念去教育孩子。这样的父母"望子成龙"、"恨铁不成钢"，为了达到所谓的教育目的往往过度批评、惩罚孩子，让孩子的身心都受到伤害，甚至导致其精神失常，乃至自杀的严重后果。孩子进入青春期以后，相当于进入了"多事之秋"。在这一阶段，孩子的内心极其敏感，情绪两极化也特别严重。当孩子出现错误时，父母一味地进行批评教育只会让孩子产生怨恨情绪，甚至顶撞、忤逆父母。

每个人都会因为获得很高的肯定性评价而高兴，对于自尊心非常强的孩子更是这样。下面我们通过一个例子来说明这一点。

案例

美国著名的摇滚歌星戴夫·马修斯从小就迷恋音乐，可是他没有想过要把音乐作为一生的事业，但是一顿家庭晚餐改变了他的想法。

那是一个和往常没有什么两样的晚上，戴夫和家里人共进晚餐。但是不知道是什么搅了戴夫的心神，他不停地捣乱，还故意把歌曲唱得不在调上，他几乎惹恼了在饭桌上的所有人。但是，父亲并没有生气，他看了一会儿儿子，然后对戴夫的母亲说："听听，儿子唱得多棒，都会自己谱调了。"

戴夫听到父亲的话特别开心，因为从来没有人评价过他的歌唱得怎么样，更别说表扬他了。他心里充满了自豪感。但是，同时他也闭上了嘴，不唱全是自己"调"的歌了。为了父亲的话，戴夫决定好好吃完这顿晚餐。

后来父亲去世以后，戴夫更加努力。父亲的话像一股无形的动力激励着戴夫在音乐道路上越走越远。

由此可见，最好的教育方式不是批评，而是赞扬。父亲的话对戴夫来说，是对其唱歌这种行为的肯定，同时也增加了戴夫的自信心，鼓励其勇往直前。所以，父母要学会鼓励和赞美孩子，让它成为孩子成长的助推器。

专家支招

建议一：学会调整看问题的角度，发现孩子美的一面

孩子做错事情以后，父母看待的角度不同，采用的办法不同，同时产生的效果也不会相同。比如，在极其需要水的情况下，偶然间找到了一棵梅树，有的人会想：怎么只有一棵梅树啊，还不够解渴的呢。也有的人想：哇！梅树上长了这么多的梅子啊，足够我解渴了。这就是在同一种情况下对事物的不同看法，显然后者的想法更积极。同样的道理，孩子做错了事情，父母一再地批评孩子，"挑"孩子的毛病，不如换一种角度，发现孩子的闪光点，然后积极地引导孩子。

案 例

美国历史上伟大的总统乔治·华盛顿，小时候曾经帮助父亲砍自家庄园里的杂树，父亲嘱咐他小心不要砍伤自己的脚，同时也不要伤了果树。虽然万般小心，可是华盛顿还是不小心砍掉了一棵樱桃树，他怕父亲知道以后会生气，就用砍下来的杂树把樱桃树盖了起来。下午，父亲来到庄园，看到散落一地的樱桃，立马就明白樱桃树被小华盛顿砍掉了，但是他并没有立即训斥华盛顿，相反，还夸赞华盛顿很能干。小华盛顿听到父亲的夸奖，很不好意思，就一五一十地讲出了事情的原委，然后等待父亲的责骂。没想到父亲听了之后，非但没有责骂华盛顿，还非常开心。父亲对华盛顿说："孩子，你要知道，没有什么比你的诚实更重要。我宁愿损失一千棵樱桃树，也不愿意听到你的谎言啊！"

读了这个故事，我们都会觉得华盛顿是个诚实懂事的好孩子，而华盛顿的父亲无疑是最大的功臣。当华盛顿试图用谎言掩饰自己犯下的错误时，父亲明智地选择了夸赞儿子的勤劳辛苦，而不是揭穿其谎言、对其错误的行为进行批评和训

斥。这样做既保护了儿子的自尊心，也给予他足够的机会承认错误、面对错误。

如果直接指出孩子的错误行为，并且进行批评，就很容易使孩子的自尊心受到伤害，"逼迫"孩子变得更加逆反。我们都知道，事物是矛盾的统一体，孩子的这一面是缺点、错误，那么另一面就是优点、长处。所以，父母要懂得调整角度，发现孩子的闪光点，并且给予赞美。

建议二：王婆卖瓜，在外人面前也要夸一夸孩子

父母一定要明白，每个孩子都有自尊心，青春期孩子的自尊心更强。在外人面前，父母批评、训斥孩子，将会大大损害孩子的自尊心，也很容易激起孩子的逆反心理。相反，在外人面前鼓励或者赞美孩子，将会使孩子产生巨大的成就感和荣誉感，非常有利于增强孩子的自信心。

我们经常在公共场所看见父母严厉地呵斥孩子，有的甚至动手打孩子，这时孩子的反应要么是对父母瞪眼，要么就发一通脾气，然后消失于人群之中。父母一定要注意的是，不管孩子有什么过错，都不要在外人面前批评孩子，因为批评非但不能让孩子进步，反而会让孩子羞愧难当、无地自容，甚至让孩子对父母心生怨恨，拒绝和父母沟通。

案例

浩宇和浩成是一对双胞胎。一次，爸爸带着浩宇和浩成去打篮球时，碰到了邻居家的叔叔。浩成笑着说："叔叔好！"浩宇刚要说话，爸爸就在那边说："浩宇，见人怎么也不知道问好，平时看你叽叽喳喳挺能说的，关键时刻一句话都说不出来，长大了也没出息。"一边说一边还瞪了浩宇一眼。

听完爸爸的话，浩宇很生气地问："我怎么不懂事了？就你好，一味偏袒你的小儿子。"这时，爸爸并没有顾及到浩宇的情绪，而是更加大声地教训浩宇说："你怎么和我说话呢？你懂事，会这么和我说话吗？一点儿规矩都没有，翅膀硬了是吧？"浩宇更加气愤地说："是，我翅膀就是硬了，我还要飞呢！你用力地夸你的小儿子去吧！我就是没出息！"然后把手里的篮球重重地扔在地上，跑了

出去。从此，浩宇像变了一个人似的，不管对谁态度都冷冷的，动不动就和爸爸吵个不停，经常在外面惹了祸才回来。

高一会考前夕，浩宇进了派出所，爸爸到派出所时，看见在角落里的浩宇气不打一处来，上前揪住浩宇的衣领就要打，嘴里还一直絮絮叨叨地骂着，幸好被旁边的民警拉开。爸爸对民警说："同志，我知道这孩子整天就知道惹祸，真的很抱歉！"这时，一个看上去和他年龄差不多的民警说："你说到哪里去了，事情是这样的，有一个犯罪团伙，专门抢劫高中学生，我们盯了很多天了，今天实行抓捕的时候，恰巧被你家孩子碰上，然后你家孩子英勇地协助我们抓住了这些犯罪分子。""这么说，浩宇没有犯法？"爸爸疑惑地问。民警接着说："当然没有，而且还立功了呢。不过，你这个父亲我得说说你啊，一进门不分青红皂白地就骂孩子，这怎么能行呢？这么大的孩子了，多少都有些脸面，我儿子比你这孩子大几岁，从小到大我没批评过他一句，孩子是用来夸的！"爸爸有些不好意思地说："这孩子不听话，和您孩子没法比啊！整天说话带刺，不扎人都难受。"民警让爸爸坐下，说："这个年龄段的孩子都这样，就是一头驴，所以咱们做父母的更不能不管不顾地教训，顺着他来呗，过了青春期就好了。我可提醒你，照你这么不管不顾地，孩子只会更加烦你、讨厌你，搞不好哪天真的做错什么没有机会改的事情。到时候，你哭都来不及。"听了民警的话，爸爸回头看了看浩宇，心中若有所思。

从那以后，爸爸开始注意自己的言行，在遇到外人的时候，爸爸会夸浩成爱说话、懂礼貌，也会夸浩宇谦虚，懂得处处让着弟弟。浩宇很快就发现了爸爸的改变，心里很开心。他决心以后不再顶撞爸爸，而且还要让爸爸发现自己更多的优点和长处，这样就可以听到爸爸更多的赞赏。

作为父母，当自己的自尊心受到侵犯时，就会非常生气。孩子也是一样，他和父母同样有自尊心，同样注重自己的"脸面"。如果父母在外人面前数落、批评孩子，让孩子当众出丑，最终的结果只是让孩子感觉到自己在外人面前丢了颜面，因而顶撞父母，变得十分逆反。这不仅对孩子的身心健康有很大的危害，同时也会腐蚀父母在孩子心中的美好形象。就像案例中的浩宇一样，他因为爸爸在外人面前赞赏弟弟浩成，批评自己，而产生了顶撞父母等叛逆行为，而后来爸爸在经过民警的点拨后才明白：在外人面前要赞赏儿子，保护儿子的自尊心，这更有利于孩子成长。之后他有了一些改变，父子之间的关系也得到缓和。

由此可见，父母一定要懂得在外人面前多多地夸赞孩子。俗话说：王婆卖瓜，自卖自夸。父母辛苦养育孩子十几年，比王婆的瓜来得辛苦多了，为什么就不夸一夸呢？数子十过不如赞子一句啊！

建议三：孩子的缺点也可以用赞美的话点出来

在现实生活中，很多父母往往把目光聚集在孩子的缺点和不足上。当孩子犯错时，不是批评就是指责，甚至动手打孩子，这样教育出来的孩子往往缺乏自信，甚至对生活没有信心。赏识教育不仅指在孩子做了一些让父母满意的事时，父母真心地赞美孩子、赏识孩子，还包括在孩子做错事情时，父母懂得巧用赞美的话进行点拨。赞美是一门语言艺术，如果父母还不懂得如何运用，不妨向拿破仑·希尔的继母请教一二。

案例

成功学家拿破仑·希尔，小时候是一个出了名的"调皮鬼"，经常做一些调皮捣蛋的事情。母亲死后，父亲和其他兄弟更加觉得他不会有出息，简直就是一个坏孩子。

后来，父亲又娶了一个年轻妻子。继母进门的第一天，拿破仑双手交叉，叠在胸前，凝视着她，全身上下没有一点儿欢迎继母的意思。父亲尴尬地向继母介绍说："这是拿破仑，是兄弟中最坏的那一个。"继母听后，微笑着把双手放到拿破仑的肩上，略弯腰和蔼地看着拿破仑的眼睛说："这是最坏的孩子吗？我看完全不像，他倒像是所有的兄弟中最聪明的那一个，而我们所要做的就是让他的聪明才智发挥出来。"继母的话引起了拿破仑的反思，过去拿破仑一直生活在父母兄弟的批评以及指责中，甚至他一直觉得自己一无是处，浑身只有缺点，但是继母的话让他明白，身上的缺点不也是自己的优点吗？

从此以后，拿破仑改掉了自己调皮的毛病，把聪明才智都用在了学习上。继母总是不断地鼓励拿破仑依靠自身的力量，大胆地制订计划，勇敢地前进，一直到他成为美国著名的成功学家。

谁能够想象得到，在父母兄弟眼里一直是"调皮鬼"的拿破仑·希尔，最终竟然成为了美国著名的成功学家呢？这一切和继母的鼓励和赞美是分不开的。

人人都渴望被赞美，即使是在犯错的情况下。行为学家认为，赞美可以刺激大脑皮层兴奋起来，从而激发人体潜能。受赞美意味着自己被别人认可、肯定和信任。对于青春期孩子来说，这一点尤为重要。拿破仑·希尔在别人的眼里就是一个惹祸的坏孩子，别人对他没有任何好感，但是继母巧妙的赞美之辞，让拿破仑·希尔知道自己的缺点恰恰就是自己的优点，从此把聪明才智都用在了"正经"的地方。可见，父母的信任和赞美，可以提高孩子是自信心，激励孩子更加出色，这对孩子来说是至关重要的。

五、 发现孩子的闪光点

析案明理

　　有很多父母为孩子学习成绩不好而担心，为孩子性格内向不喜欢与人交际而发愁，为孩子心理素质不高，不能直面人生挫折而感叹……放任孩子，就等于毁掉了孩子的人生；管教孩子，但是孩子的叛逆表现却让父母望而却步。在许多父母抱怨的同时，孩子也说出了自己的心声："我不是非要和父母对着干，但他们老是挑我的错，浑身上下被他们挑遍了。我就纳闷了，我有那么糟糕吗？""老师都说我在绘画方面有天赋，我回去和爸妈说，他们却说是因为我学习成绩差，老师才说这些话'安慰'我的……真是没法和他们沟通！"

　　青春期的孩子开始独立思考，逐渐形成自己的人生观和价值观，他渴望自己的优点和长处能够得到赏识。但是在日常生活中，许多父母往往不懂得赏识孩子，对孩子的优点或者积极的表现心里高兴嘴上却不置言辞，而对孩子的错误和缺点却揪着不放，动辄指责、打骂，结果导致孩子在父母的抱怨与批评中失去自尊和自信，产生叛逆心理，甚至有过激的叛逆行为。所以父母要善于发现并且指出孩子的优点和潜力，这样既有助于孩子树立自信心，也能最大限度地让他发挥潜能。

案例

图雅的学习成绩一直都不好，所以决定学习小提琴，可是父母却觉得他的学习成绩不好就是脑袋笨，就是没有出息，拉小提琴也不会取得什么成就。

父母为了躲避琴声的"折磨"找借口去了朋友家，这让图雅的自尊心很受伤。他找到一片幽静的树林，在那里练习，可是一曲终罢一曲又起，父母的话一直在耳边回荡，怎么拉他都觉得琴声难听极了，他很生气地对自己说："我真是一头笨猪，连小提琴都拉不好！以后再也不拉琴了！"说着就要把小提琴摔了。这时，一位老大爷出现在图雅面前说："虽然我不懂得音乐，但是我的耳朵告诉我你的琴曲很舒畅。如果不介意的话，请继续让我的耳朵享受你的琴曲吧！"就这样，图雅没有想到在爸妈眼里没有希望的自己竟然能够拉出让老大爷享受的琴声，"或许我的琴声真的不错？"图雅这样想着，接着又拉起了小提琴。

从那以后，图雅每天都会去树林里拉琴，老大爷也一直会在那里等他。每当拉完一曲后，老大爷都会很开心地说一句："谢谢！你真的很棒！你将来一定可以成为出色的小提琴手！"直到有一天，在一次小提琴大赛上，图雅获得了第一名，主持人告诉图雅将由一位忠实听众为他颁奖，图雅正在疑惑时，他看见评委席上站起来一位老人，图雅惊喜地尖叫起来。原来这位忠实听众就是在树林里一直都在听他拉琴的老大爷。主持人介绍说老大爷其实是音乐学院的一位音乐教授，他曾经获得很多小提琴大奖，为了发掘更多的小提琴人才，他才筹办了这场大赛。

在案例中，老教授在听到图雅锯木一般的琴声时没有给他任何指点，而是夸奖他的琴声让自己的耳朵很享受，这种赞美所取得的效果远比空洞地说教强百倍，既帮助图雅重新树立自信心，也给了他莫大的动力和鼓舞。其实，我们每个人都有自己的闪光点。父母决不能像图雅的爸妈那样，非但没有肯定孩子、鼓励孩子，还打击孩子，这对孩子来说是赤裸裸的伤害。作为孩子的父母，要学会赏识自己的孩子，父母的赏识和肯定对孩子来说是调动他们积极性的催化剂。也许是一句鼓励的话，也许是一个肯定的眼神，都会促进孩子更加努力。

专家支招

建议一：拥有独特的视角，欣赏孩子缺点中的优点

所有父母都希望自己的孩子越来越出色，但是这和父母善于发现孩子的优点有很大的关系。如果父母一直盯着孩子的缺点或者以前犯过的错误不放，那么在孩子努力进取的道路上，就会顾虑重重、摇摆不定。明智的父母在孩子犯错的时候，仍然能够找到孩子的优点并且大声地说出来，然后赞美强化孩子的优点。每一个孩子都有优点，只要父母懂得善加利用，让孩子把自己的优势充分发挥出来，登上成功的顶峰是迟早的事情。

案 例

嘉旭上中学以后，虽然学习很好，但是问题不断：扰乱课堂秩序，不尊敬老师，也不按时完成作业，甚至考试的时候故意大声说话、撕考卷。尽管学校老师多次"饶恕"他，但是嘉旭仍然继续挑战学校和父母的忍耐底线。他经常在学校受完批评，回家以后还要受到父母的惩罚。上初二以后，情况更加糟糕，学校老师几乎每周都会给家里打"报案"电话，父母常常在上班中途就要去学校把儿子接回家关起来。有时候，父母恨不得准备一个铁牢笼把他关进去。嘉旭开始自卑、焦虑，有时甚至出现一些怪异行为。父母眼看着儿子就要"毁"掉了，整日愁眉苦脸。

无奈，父母向朋友、同学求助，一位本科和研究生都主修教育学的朋友建议嘉旭父母用独特的视角看待孩子的问题。青春期的男孩自尊心都很强，并且希望通过自己的努力找到自己的位置，父母不宜把目光过度聚集在他惹的麻烦上，要变换角度，多多发现孩子的优点。

听了朋友的建议，嘉旭的父母联合学校老师细心地观察孩子的言行，渐渐地发现嘉旭并不像自己想得那么糟糕。比如，有一次上课时，一位女同学控告嘉旭

拿虫子吓她，其实真正的事实是嘉旭看见她的衣服上趴着一只虫子就帮她捉了下来；有一次在实验室上化学课时，同学说嘉旭把洗手池的水管堵了，可后来在老师的逼问下嘉旭坦白说水管早就堵了，他只是想用圆珠笔通通……

从那以后，每当嘉旭做了"坏事"以后，父母首先听他的解释，找到孩子在这件事中的优点，并且明确地说出来。之后，嘉旭在学习、体育等各方面进步很快，渐渐变得快乐、阳光起来。此外，由于嘉旭有大量自由时间做他喜欢的事，父母还发现了一些他以前不曾展现的特长。

嘉旭的例子说明：要想让孩子取得进步，父母就不能只盯着孩子的缺点。生活不是缺少美，只是缺少发现美的眼睛。同样的道理，孩子不是浑身都是缺点，而是父母不懂得换种角度，从孩子的表面"错误"中发现优点。多找一些机会表扬孩子的优点，让孩子在心理上明白自己并不是"一无是处"，在此基础上因势利导，最终将能成功帮助孩子改正缺点。

建议二：放大孩子的小优点，让其在自信中健康成长

很多父母出于"恨铁不成钢"的心理对孩子极其苛刻，明明孩子考了98分，却非要纠结于被扣掉的那2分，"你怎么就这么笨呢！被老师扣掉2分啊！""你怎么学的啊！"一些打击孩子自信的话也就从父母嘴里说出来。无数事实证明，父母老是盯着孩子的不足不放，将更加容易刺激孩子，促使孩子反其道而行之。

每一个孩子都希望父母能够看到自己的优点，青春期孩子更是如此。孩子知道自己犯错以后，他本身会觉得万分羞愧，情绪也很消极。所以父母在帮助孩子改正错误行为的时候，要细心捕捉到孩子的小优点，及时地将其放大，让孩子真切地感受到父母的关心和肯定，这样他就会主动改掉错误，并且继续努力强化自己的小优点，也会让他找回自信。

建议三：肯定孩子的优点，做孩子的伯乐

只要细心观察孩子，就会发现孩子的身上有很多优点。他可能分析问题的能力比较强，可能每次考试的成绩都在进步，可能在劳动或公益活动方面表现较好，可能文艺、体育一直很棒，可能经常有什么小发明、小制作……所以父母应

该多看到孩子的优点和潜力，并且及时予以肯定。父母不应该因为孩子学习成绩差，就抹杀他的其他优点。要知道优点不仅仅需要培养，更需要发现。

案例

作家张恨水从小就特别喜欢读小说，立志长大以后从事文学创作工作。可是当时他的考试成绩却是一塌糊涂，这让他的父亲非常生气，并且强烈反对他读小说。不过后来，多亏《小说月报》和《新闻报》的两位主编慧眼识英才，为张恨水提供机遇，才让其一朝成名。

这个世界就像是一个万花筒，孩子之间也是千差万别的，但是不可否认的是每一个孩子都是一匹"千里马"，他需要发现他的伯乐。所以，父母要用心发现孩子身上的优点，并且利用孩子的优点引导他发挥出自己的潜能，帮助他超越自我。

六、 让迷路的小孩回到自己的怀抱

析案明理

　　青春期，是孩子心理以及生理都迅速成长的时期，在这个过程中他不可避免地会有一些过错和不足，作为父母要学会包容他的过错和不足。人无完人，成人尚且做不到完美，何况还是未成年的孩子呢？孩子的成长过程，也正是孩子发挥优点、改正不足的过程。父母正确看待孩子的不足，有利于引导孩子避免错误的再次发生。无论孩子身上存在何种不足，或者他犯下什么错误，父母都要以一颗博大的心去包容。大发雷霆或者对其施以惩罚，不但不会让孩子认识到自身的错误，还有可能伤害了孩子的心灵，激起孩子的逆反心理，使他在错误的道路上越走越远。

案例

　　思远的妈妈是一家银行的职员，她工作做得很出色，对思远的教育也很用心。虽然思远很懂事，多才多艺，在学校的学生会里还担任着干部，可就是学习成绩一般。虽然妈妈的工作很忙，但是她还是非常关心儿子的学习。比如，她会在工作之余帮助思远制订学习计划，有空就陪思远参加课外辅导等。但是尽管如此，思远的学习成绩还是不能令她满意。

　　马上要中考了，妈妈为了儿子能考上重点中学，不知道从哪里找来一套学习方案，说什么都要在思远身上试试，可是这却遭到了思远的强烈反对。思远说：

"我对学习没什么兴趣，你也别折腾了，我都努力了三年了，成绩总是赶不上来，这说明我根本就不是学习这块料。"妈妈苦口婆心地劝道："思远，你再坚持一下吧，这马上就要中考了，临阵磨枪不快也光啊！"可是思远说什么都不配合，还说道："我从小学就是在您的'指示'下努力的，结果还不是这样？我也知道了，我不是学习的那块料，您就省省心吧，考上我就念，考不上我就当兵去，饿不死就行了。"妈妈听了思远的话，更加着急了，她说："思远，当兵多苦啊！再说了，你是我的儿子，连你老爸都那么优秀，你怎么可能考不上呢？咱再接着努力好不好？"思远看了看妈妈，坚决地说了一句："不！我已经忍受很久了！我绝不要再继续上学了！"妈妈一气之下打了思远一个巴掌，并且嘴旦说道："你这个混账东西！我这么做还不是为了你？"思远一只手紧紧地捂着挨打的脸，像看仇人一般地盯着妈妈，一句话也没有说，转身就离开了家，任凭妈妈在后面怎么叫喊也没有回头……

这位母亲多年来持之以恒为儿子成长付出的辛苦值得肯定，她望子成龙的急切心情也可以理解，但是她的方法并不妥当。父母觉得自己所做的一切都是为了孩子好，而且担心如果不这样做，孩子的成绩会更糟糕。可是人无完人，例子中的思远除了学习成绩一般之外，其他方面还是很优秀的。作为孩子的母亲，要学会用包容的眼光看待孩子的一切，要明白孩子不是父母的附属品，对于孩子的不足，要懂得以平和的心态去对待。

专家支招

建议一：每个人都会犯错，父母要谅解孩子的过错

孩子有过错是很正常的。面对孩子的过错，如果父母不注意自己的教育方式，不分青红皂白地批评、责骂，甚至惩罚，不但不能让孩子正视自己的错误和不足，还会让孩子形成胆怯的心理，进而产生逆反行为。因此，对于孩子的过错和不足，父母要学会控制自己的情绪，包容并谅解孩子的过错。

案例

陶行知先生用几块糖教育学生的故事在教育界流传很广。

陶行知先生在育才学校当校长的时候，曾经发生过这样的一件事情。一天，他在校园里闲逛的时候，看到男孩王友正在打另一个男孩，陶行知当即制止了他的行为，并让他放学后到校长办公室去。

一放学，王友就站在校长室门口，等待着校长的训斥。陶行知走过来，一见面却掏出一块糖果递给王友，并且和蔼地说道："孩子，这是奖励给你的，因为你按时来到这里，而我却迟到了。"

王友在惊愕中接过糖果。随后，陶行知立即又从口袋中掏出一块糖果放到他手里，说："这第二块糖果也是奖励给你的，因为当我不让你再打人时，你立即就住手了，这说明你是一个听话的孩子，我应该奖励你。"

王友更惊愕了，他眼睛瞪得大大的，不知道校长到底想干什么。

陶行知紧接着又掏出第三块糖果放到王友手里："我已经调查过了，你打那个男孩是因为他欺负女孩；你打他，证明你很有正义感，所以我还应该奖励你！"

王友看着手里的糖果，感动极了，他流着泪后悔地说道："陶……陶校长，您批评我吧，或者打我也行！我打人也是不对的行为啊！"

陶行知满意地笑了，他随即掏出第四块糖果递给王友，说："为你能正确地认识错误，我再奖励给你一块糖果，只可惜我只有这一块糖果了。我的糖果奖励完了，咱们的谈话也该结束了！"

看完这个故事，我们心底不由地发出感叹：这是多么高明的教育方式啊！陶行知校长并没有用斥责或者惩罚来教育犯错的王友，而是首先谅解了他的行为，然后用以奖代罚的方法触动了他的心灵，用宽阔的胸怀包容了王友的错误，使王友的心灵产生了深深的震撼，让王友认识到自身错误的同时，也心悦诚服地愿意改正。

建议二：包容孩子的不完美，帮助他扬长补短

"金无足赤，人无完人。"每个孩子都有自己的长处和短处，父母应当学会

发现孩子的长处，容忍孩子的不足，让孩子学会扬长补短。

案例

有一位母亲，她的儿子各门功课都表现得特别出色，唯独英语成绩很一般，所以她天天唠叨儿子"你的英语怎么就这么差呢""你上课是怎么学的"等，并且还强行为儿子报了英语辅导班，希望儿子能够在辅导班的帮助下把英语成绩提上去，成为一个"全才"。可是没想到却遭到了儿子的反对，儿子不但不去上辅导班，还开始拒绝学习。母亲对他打也打了，骂也骂了，可是他还是对英语辅导班保持抗拒。为此母子俩陷入了冷战。

半个月过去了，母子二人的关系还是没有好转。这时孩子的父亲出差回来了，他了解了儿子的大致情况之后，和儿子详细地谈了谈。他没有像孩子母亲那样责备孩子的不完美，更没有打骂孩子，而是首先告诉儿子不要有心理负担，并且说每个人都有自己的短处，正确的做法是扬长补短。儿子听了父亲的话，陷入了深深的思考。

渐渐地，儿子重新拿起了英语课本，按时去辅导班上课了。虽然他的英语成绩提高得并不是很明显，但是父亲并没有责怪他，而父子之间的关系也一直都很融洽。

父母都希望自己的孩子能够全面发展，成为一个"全才"，但是上天不会把所有的门都为孩子打开。案例中的父亲比母亲做得要好，他首先从思想上包容了儿子的不完美，然后又为孩子讲明了道理，显然这种方式更容易为孩子所接受，也更利于孩子"补短"。

七、 在孩子遇到挫折时多给予安慰

析案明理

人生不都是一帆风顺的，每个人在这一生当中都可能要经历挫折和失败，孩子也不例外。有些父母在自己的孩子遭遇挫折的时候，非但不安慰孩子，还"落井下石"。例如，在一次考试当中，孩子由于心理紧张，考试成绩很不理想，妈妈知道以后，没有站在孩子的角度去考虑原因，反而对孩子说："你那是猪脑袋啊！考这么点儿分还好意思回家？"因为外在原因导致考试失利，这件事已经让孩子非常难过了，这时妈妈非但没有安慰孩子、替孩子分析原因，还说出难听的话刺激孩子，这让孩子更加难过，进而也可能导致他自暴自弃。

孩子遇到了挫折，父母不但不安慰还用言语打击孩子，这种做法显然是不对的。父母的不体谅、不宽容，很容易伤及孩子的自尊心，继而激起孩子的敌对情绪、叛逆心理。在日常生活中，朋友受到了挫折，父母会想尽办法来安慰朋友，帮朋友宽心。但是，孩子是父母有血缘关系的朋友，比其他朋友更为亲近，为何父母就不能像安慰自己的朋友一样来安慰孩子呢？

案例

徐宁刚升入初中，妈妈就让他选修电子琴。每当老师教一首新曲子的时候，一起去的孩子都是一学就会，而徐宁却怎样都学不会，看到朋友都可以出去玩了，自己还在练着琴，徐宁的心里真不是滋味。这时，一位老师向徐宁走了过来，徐宁满心欢喜地以为老师是来教自己弹琴的，可是事实证明徐宁错了。那位老师走到徐宁的身边说："你怎么还学不会呢？和你一起来的同学一学就会了，再看看你，简直就是不开窍！"老师的话深深地刺痛了徐宁的心，他一气之下跑回了家。

妈妈见徐宁学琴中途回来，以为儿子是想逃课，于是脸上露出不悦的神情。可是，过了一会儿妈妈发现儿子好像很失落，于是急忙问儿子发生了什么事情。徐宁就一五一十地说了学琴时发生的事情。妈妈听了以后对儿子说："孩子，你要懂得勇敢地面对失败，这样才能成功，你就算再笨，努力了就一定会有回报的，何况你是一个聪明的孩子呢？"徐宁觉得妈妈的话很有道理，虽然自己学习的速度比别人慢，但是他可以多付出一些努力，决不能被那位老师看扁。

后来，徐宁更加努力练琴，别的孩子学好了出去玩儿他也不再羡慕了，老师的讽刺他也不再在意了，他只记得妈妈对他说过的话。渐渐地，徐宁的学习能力提升了，老师教新曲子，他也能很快学会，就连当初嘲笑他的那位老师也对他刮目相看了。

大仲马曾经说过：人生就是不断地遭受挫折与追求希望。孩子成长的过程就是在不断地遭受挫折，而父母要在这个过程中扮演一个"安慰者"的角色，适时地给予孩子安慰。适当地安慰对孩子来说是成长的助推力，是亲子关系的弥合剂；而"落井下石"的教育方式只会让孩子和父母的距离越来越远。

专家支招

建议一：孩子遇到挫折，父母要及时给予安慰

当孩子遇到挫折时，他们的心理压力会很大。这时候，如果父母对其冷嘲热讽，无疑会让孩子更加无地自容，严重伤害孩子的自尊心。所以当孩子遇到挫折的时候，父母要摆正心态，及时给予孩子安慰。

案例

肖迪刚刚考完模拟考试，临场发挥得不好。一出考场，他就给妈妈打电话

说："妈，我考砸了。"当时，妈妈因工作的事情心情也很糟糕，就随口数落了他几句，事后妈妈也有些后悔。

晚上，妈妈一进屋就听到儿子练习吹笛子的声音，心里特别高兴。肖迪看到妈妈回来之后，突然开始发火，对着妈妈喊："我以后再也不吹笛子了，我也不想活了。"说完就跑到自己的房间里，乱扔东西，把门砸得"砰砰"响，时不时地还冒出几句脏话。

妈妈对儿子的"火气"有些不明白。这时，爸爸端着菜从厨房走了出来说："儿子今天考试发挥失常，一出考场就给你打电话想听你安慰两句，结果你数落了人家一通，现在一看见你当然就来火气了。"

妈妈这时才恍然大悟，忙走进儿子的房间。儿子还在发脾气，最喜欢的"法拉利"被摔得七零八落，妈妈走到儿子身边说："儿子，今天考试没发挥好？没关系，不就是一次模拟考试吗，不要有心理压力，妈妈相信你期末考试的时候，一定能发挥你的正常水平，并且取得好成绩的。"妈妈的话说进了肖迪的心坎里，其实考试过后的那通电话和刚刚这么一番"折腾"，肖迪只是想让妈妈安慰自己、鼓励自己。虽然自己的目的已经达到了，但是肖迪还是别着头不看妈妈。妈妈见儿子还是不理自己，就捡起地上"法拉利"的零件，说："儿子，看来今年你的期末考试成绩一定要好了，要不然，妈妈可不会给你买'法拉利'哦。"肖迪听了妈妈的话，立马转过头来。

母子两个人都开心地笑了。

孩子遇到挫折之后，最想得到的就是父母的鼓励。在案例中，肖迪考场发挥失常，一出考场就很及时地给妈妈打了电话，目的就是想听到妈妈安慰的话，但是妈妈非但没有安慰儿子，还数落了儿子一通，结果导致儿子事后大发脾气。好在妈妈在爸爸的点拨下，及时意识到了自己的错误，并安慰了孩子，化解了儿子心中的怨气。因此，父母一定要及时地安慰受到挫折的孩子，尽最大限度地减少挫折给孩子带来的心灵创伤。

建议二：孩子遇到挫折，父母要耐心地做倾听者

当孩子遇到了挫折，倾听对他而言也是很好的安慰方式。青春期的孩子已经

有了一定的心理承受能力，有些挫折自己可以承受，并不需要父母的开导，但是孩子还是希望父母能够听听自己的感受，也就是说，孩子更需要一个倾诉的对象。所以，当孩子和父母说"爸妈，我遇到点事儿"时，无论父母在忙什么，都要停下来，耐心地倾听孩子的诉说。

案 例

刘远正在上高中，他喜欢上了邻班的一个女孩。前几天他给那个女孩写了一封信，在信中表达了自己对她的关心以及心仪之情，今天他收到了那个女孩的回信，他被拒绝了。

刘远回到家时，妈妈正在织毛衣。他对妈妈说："妈，我失恋了。"妈妈被儿子的话吓了一跳，从来没有听儿子说起过恋爱，怎么突然就失恋了呢？刘远坐在妈妈的旁边，慢慢地说道："我喜欢上一个女孩。她有一头黑黑的长发，一双大大的眼睛，脸上还有一对小酒窝，笑起来真的很美。但是今天我收到了她的信，她拒绝我了。"刘远眼里的泪水马上就要流出来了，他很无助地摆弄着手指，一脸的伤感。妈妈看到儿子现在这个难过而又无措的样子，心疼不已，怎奈自己嗓子因病失音，不能亲自开导儿子。

刘远用手背拭去眼里的泪水，接着说："妈，我会努力，更加努力，赶上她的学习成绩，将来和她念同一所大学，就算她一直不接受我，做她身边的守护者，我也会觉得很幸福。"

妈妈听到儿子的话，觉得儿子突然间长大了，不再是毛头小子了，而且他正在为了自己的幸福而努力。想到这儿，妈妈欣慰不已。

在孩子的成长过程中，遭受挫折、遇到失败在所难免。此时，父母不一定非要列举一些名人遇到挫折之后，又重新崛起的故事来开导孩子，有时只要奉献出自己的耳朵听一听孩子的痛苦和感受，就能够起到很好的安慰和激励作用。

建议三：孩子遇到挫折，父母要耐心开导

孩子受到挫折之后，心情会很烦躁，如果这时候父母指责、训斥孩子，就会让孩子更加失落和无助，也很容易激起孩子的叛逆情绪。所以父母要以正确的心态开导孩子，帮助孩子分析，让孩子明白症结所在，进而克服困难。

案例

小欧上高中时一直是学校里的校报记者。有一次，社长派他去采访学校里的几个残疾同学，并要求他把他们的事情写成一篇通讯，在校报上登出来。结果，他一连遭到了 5 个同学的拒绝，这让小欧觉得特别没有面子，特别受打击，于是不想再继续采访了。

晚上回家以后，他一直垂头丧气，爸爸感觉儿子有些不对劲儿，就问他是不是遇到了不顺心的事情。小欧对爸爸说："今天社长让我去采访我们学校的几名残疾同学，但是一连三个同学都拒绝了我，一个说没时间，一个说有别的事情在忙，而另一个同学明确地说他不想接受采访。什么嘛，不想接受采访就直说嘛，找什么理由啊？反正我不想再采访了。"爸爸笑着对小欧说："儿子，社长把这个采访任务交给你，是觉得你可以完成。你现在回去告诉他你不干了，他会觉得高看了你的能力，那你岂不是更没有面子？"小欧想了想爸爸的话，觉得有道理。"但是，他们都拒绝采访，怎么办呢？"小欧问爸爸。爸爸说："前两个不接受采访，这只是你觉得的，人家并没有说，所以明天你可以接着去找他们；第三个同学说不接受采访，你可以去问问他不接受的原因，是因为不好意思还是什么，不管他说什么原因，你都要尽力消除他的顾虑。"小欧听了爸爸的建议，第二天就去找了那三位同学，原来前两位同学真的是有别的事情在忙而没有时间。第三位同学是因为不想引起太多的关注，小欧尽力让他消除了顾虑。最终，小欧成功完成了采访。

青春期是孩子心理非常敏感的一段时期，孩子常常因为一句话或者一点儿小事就会产生很大的挫败感。在案例中，小欧把前两位同学的真话当成了推辞的借口，从而产生很深的挫败感。追根究底，这也是他过于敏感导致的。遇到这种情况，父母要像小欧的爸爸那样，耐心地开导他、安慰他，从而引导他克服困难，摆脱挫败感。

八、 孩子是不能比较的

析案明理

"从小我就有个宿敌叫'别人家的孩子'。据说，这个'别人家孩子'从来不玩游戏，从来不聊 QQ，天天就知道学习，长得好看，又听话，回回考年级第一。研究生和公务员都考上了，一个月工资 7000 元，会做饭，会做家务，会八门外语，上学在外地一个月只要 400 元生活费还嫌多……"这则《别人家的孩子》是近日在人人网上出现的热帖，腾讯微博里的"冷笑话"，短短几天浏览量已经破万。"比较"是中国家庭教育的一大特点，可以说十个父母，有九个都是这样的。在父母的心里别人家的孩子就是好，就是比自己家孩子出色。在现实生活中，一大半孩子都是在这种"比较"中长大的，下面我们来听一下孩子们的心声。

案例

张诚说："我爸妈整天念叨我不如这个不如那个的，难道在他们心里我真的这么差吗？有的时候我真的觉得他们不爱我，甚至讨厌我。"

李涛坦言："从小学开始，我心里就有这阴影了，开始觉得很生气，但是父母念叨多了，我就不努力了，因为我知道不管怎样自己都比不上'别人家的孩子'。"

戴伟也说："我妈看谁家的孩子好就让我学，我家楼上的孩子整天弹钢琴，我妈也给我报了钢琴学习班，天啊，第一天人家老师就说我的手长得不标准，不适合，我妈却和人家老师说'老师你就教吧，我儿子还没成年呢，练着练着手就标准了'。这都是什么逻辑啊。"

有研究显示，在诸多因素中，家庭环境和父母的教育方式对孩子的身心健康影响最大。每一个孩子都希望得到父母的赞美，如果父母老拿自己的孩子和别人家的孩子作比较，容易使其产生挫败感、自卑感，不利于孩子自信心的培养，反倒有可能激起他的叛逆心。如果在比较的过程中，父母对孩子的期盼过高，而孩子达不到要求。父母就会否定孩子，进而使孩子否定自我，致使其在今后的成长中，遇到困难容易出现恐慌、逃避等行为。

作为父母要明白，世界上没有两个完全一样的孩子，就像是没有两片完全相同的树叶。每个孩子身上都有优缺点，单独拿出自己孩子的缺点和别人家孩子的优点作比较，这是不明智的。

专家支招

建议一：拥有一颗平常心，尽量发现孩子的优点

张炘炀 10 岁成为北京航空航天大学的本科生，13 岁考上研究生，16 岁考上博士生，成为中国最年轻博士。2010 年春节联欢晚会上有个小女孩，主持人只要报出姓，她就可以立刻准确地说出在《百家姓》中的排名，这样的"神童"一度受到人们的追捧。父母把自己的孩子和他们作比较，然后给孩子报这样那样的班，参加训练，使尽了浑身解数，只为让自己家的孩子也成为"神童"。不得不承认的是，神童不是什么人都能变成的，经过千番努力，大多数孩子还是很普通，但是在孩子的心里却留下了阴影。

案例

李小阳的妈妈很注重对儿子的培养，李小阳读幼儿园的时候就被妈妈送到心算口算兴趣班；小学的时候，又被送到奥数班和英语口语班。总有亲戚朋友夸李

小阳聪明、将来有出息，可是李小阳妈妈却觉得还不够，嘴里整天念叨着谁家的孩子得了什么大奖，谁家的孩子又考上了清华大学。李小阳上了中学以后，妈妈一如既往地给他报班，让他学习，周末、暑假、寒假的时间都被安排得满满的，体育课上，别的孩子踢毽子、打篮球，李小阳都不会，只能拿出课本背诵单词。中考时所有老师朋友都认为他考上重点高中的希望很大，但是结果却不尽如人意。这件事对李小阳打击很大，从此很消沉、萎靡，对学习更是提不起兴趣。李小阳妈妈不得不带他去看心理医生。

在心理医生面前，李小阳终于说出了心里话："从我有记忆以来，我的生活就是在复制'别人家的孩子'，别人家的孩子上了珠算心算班，我就要跟着去，别人家的孩子奥数比赛第一，我也要跟着去学奥数……妈妈经常对我说，'甘罗12岁出使秦国，白居易2岁就会识字、4岁成诗，歌德8岁就会用德、法、意等五种语言创作，你没有人家的天资，所以要加倍地努力'。其实，我真的已经很努力了。"

最后心理医生建议李小阳的妈妈不要给孩子报班，经常陪陪孩子，让其亲近自然，释放天性，用平常的心去发现儿子身上的优点，因势利导，不要和谁去比较，多肯定孩子、赞美孩子，假以时日，孩子会好的。

一段时间后，妈妈发现李小阳的乐感很强，喜欢唱歌，就给李小阳买了一把吉他，后来李小阳在一次吉他弹奏比赛中还拿了大奖。

由此可见，作为家长，一定要拥有一颗平常心。每一个孩子都有他自己的个性、特长，因此父母应该根据自家孩子的实际情况进行"开发"，而不是让孩子盲目效仿别人家的孩子，做别人家的孩子的替代品。像张炘炀这样的神童毕竟只是少数，而像李小阳这样天资一般的孩子占大多数，盲目的比较只会让孩子找不到自我，就更谈不上健康、快乐了。

建议二：让孩子主动和优秀者比较，让他自己找差距

拿自己的孩子和别人家孩子作比较，这种"被动比较"往往会出现两种结果，要么经过家长比较刺激之后，孩子努力了，也进步了，但是未必会达到家长

的要求，使孩子产生挫败感；要么经过家长比较之后，孩子觉得技不如人，然后抱着破罐子破摔的想法自暴自弃。可见两种结果都不利于孩子的成长，每一个孩子都有自己的特长和爱好，都有自己生存发展的方向和空间。父母不妨试试教育孩子和优秀者进行"主动比较"，让其自己找出差距，确定目标。需要穿多大的鞋，只有自己的脚才知道，同样的道理，孩子有多大的上升空间，也只有他自己清楚。父母平时给他讲一些名人故事或者出色的人的故情，有助于孩子找到自己的参照物，确定努力的目标。

案例

　　高鹏棋艺很差，看着别人家的孩子在比赛中总是拿奖，高爸爸真是着急。上了中学以后，有一次高爸爸陪着高鹏看动画片《围棋少年》，没想到动画片中围棋大师——江流儿这个形象在高鹏心里就此扎了根，高鹏对围棋产生了更大的兴趣，没事就自己把围棋拿出来摆弄。周末的时候，高爸爸经常带着他一起去棋牌室"扎堆儿"，高爸爸和别人对弈的时候，高鹏就在旁边看着。去了几次以后，高鹏的棋艺见长，后来就做起了爸爸的军师。初二时，高鹏和同学一起组建了一个围棋小组，他当组长，在寒暑假聚到一起切磋围棋技艺。有一天，高鹏和爸爸说："爸，中考结束以后，我也要去参加围棋大赛，赢回一个冠军让你高兴高兴。"

　　俗话说得好，"和优秀的人在一起，你就会出类拔萃"。和优秀的人作比较，孩子就能找出自己的劣势，找准方向，继而确定目标，朝着目标努力。在上面的例子中，高爸爸并没有直接拿高鹏和别人相比，反倒是通过潜移默化的方式让高鹏意识到自己的差距，这样做的效果远比直接拿孩子和别人比较强。

建议三：比较不如夸奖，赞美才是硬道理

　　俗话说"数子十过不如赞子一长"，每个人在得到赞赏的时候，都愿意把事情继续做下去，而且会做得更好，对于孩子，尤其是进入青春期的孩子，更是如此。赞赏对孩子的成长非常重要。当然，父母的赞赏对孩子来说就像青霉素一

样，一定要按时、按量地使用，绝不能随意用药。

案例

席涛埋怨说："我妈就是烦，整天唠叨人家的孩子怎么怎么样，我上次模拟考试考了85分，比上次进步了12分，她却和我说'李艳和你一个班，一个老师教出来的，人家都能考到100分，你这分数还好意思和我说呢'。这话一下子就把我堵那了，我已经很尽力了，我已经进步12分了，她怎么就不能夸夸我呢？"

许多父母都喜欢光凭学习成绩来评价孩子如何。学习各方面都优秀的，就又是夸奖又是赞美的；稍微差一点的，不是责骂，就是嘲笑。要知道，"金无足赤，人无完人"，每个孩子都有优点和缺点，不要因为看到别人家的孩子的优点，而抹杀自家孩子的优点。所以不要单纯地拿一个方面来比较自家孩子和别人家的孩子。拿上面席涛的例子来讲，妈妈可以对席涛这样说："虽然你现在成绩没有李艳好，但是你很努力，我已经看到了你这'十二分'的努力，你已经很棒了。"

父母的侧重点在于发现孩子的优点，而不是单纯比较。早上，孩子没有像以前一样睡到日晒三竿，而是起来把早餐买回来放到父母面前，父母在这个时候说一句"也不收拾一下你的房间，跟个垃圾场似的，儿子就是没有女儿贴心"，或者说"整天也不知道学习，大清早地多背几个单词多好"。那这样父母恐怕以后很难吃到孩子为父母买的早餐了。如果这样说"儿子懂事了，知道心疼爸妈了"，或边吃边说"儿子给买的早餐，豆浆都好甜"。他受到了这样的夸奖，自然很开心，为了获得更多的夸奖，可能就会接着收拾房间、擦地板，甚至学习也会更加努力。不要认为这样不现实，父母切实地做一做就知道了。

九、 让孩子拥有他的空间和自由

析案明理

有中国"童话大王"之称的郑渊洁曾经在《如何毁掉你的孩子》中说过："孩子的一切要由你来决定，切不可给他一点儿自由，他的行踪你要密切注视。如果有日记，一定要设法查看；他如果有信件，一定要审查。这样做能在他心里造成他不是人的感觉，造成他是一个受人操纵的木偶的感觉。一个怀疑自己不是人的人是绝不可能奋发上进的。"由此可见，孩子的健康发展需要父母给予独立的自由成长空间。

许多父母都有过这样的经历，孩子小的时候每天回家会积极主动地讲述学校里发生的"奇闻逸事"，谁和谁打架了，谁上课时古诗没有背出来，谁被老师罚抄写课文五遍等。可是当孩子进入青春期之后，突然变得沉默了，父母问起学校的事情也是漫不经心地回答，而他更多的不愉快都说给朋友或者自己的玩具听。为什么孩子上中学以后就不再喜欢和父母"絮絮叨叨"了呢？难道朝夕相处的父母在孩子心里还不如认识没几年的朋友和连生命都没有的玩具？

案例

有一天，耀翔爸爸无意中听见儿子和一只玩具青蛙说话，他很纳闷也很担心，怀疑儿子心理上有什么疾病。耀翔妈妈却不这样想，她觉得儿子长大了，不可能什么事情都和父母讲，就像自己小时候也会向父母瞒一些事情一样。但是，孩子这种表现，如果是一些开心事倒无所谓，如果是不开心的事，时间久了就有可能发展成一种心理疾病，对孩子的身心健康都有危害。心中有了不良情绪，对着玩具倾诉，只是一种单方面表达，对孩子排解不良情绪而言，根本解决不了问题。

第二天，妈妈给耀翔送去一部手机，并且对耀翔说："儿子，你长大了，妈知道，有些事情可能不方便和爸妈说，你可以通过这部手机和朋友联系，你们是同龄人，交流起来方便，如果不能解决，爸妈随时欢迎你来敲门。"耀翔听完妈妈的话不好意思地低下了头。

晚上，耀翔敲开了爸妈的房门，他说："爸妈，谢谢你们对我的关心，其实我只是想买一双篮球鞋，但是怕你们会骂我，所以没敢说，没想到被你们看出来了。不过我没有想到你们和别的家长不一样，愿意给我属于自己的空间，有你们这样的爸妈，我真的觉得很幸福。"

孩子进入青春期之后，与父母之间的主动交流也会大大减少，父母有时会担心孩子对自己隐瞒什么，如果孩子在自己的日记本上再加一把锁，那更会引发父母的联想。然后父母还会做出一些既伤害孩子自尊又不符合自己身份的事情，比如偷看孩子的日记、拆看孩子的信件、偷看孩子的 QQ 聊天记录、电话"监控"孩子的行踪等，这自然会引发孩子和父母之间的对立与冲突。

专家支招

建议一：尊重孩子的隐私，沟通从信任开始

随着年龄的增长，孩子也会有自己的"秘密花园"，那里可以说是一方净土，承载着他不愿意和别人说的"秘密"。青春期孩子的自尊心极强，有些事情他甚至不愿和朋友说，所以他只能把自己不想让别人知道的事放进自己的"秘密花园"，这个花园可能是一个日记本、一个玩具或者心中的一块领地。

　　张铎今年刚升入初中，母亲在他 5 岁时遭遇一场车祸，撒手人寰，因为担心儿子受委屈，父亲一直没有再娶，独自一人带着儿子。

　　最近父亲偶然发现张铎在做完作业以后，经常拿出一个带锁的日记本在上面写些什么，之后才去睡觉，连续观察几天一直如此。父亲马上意识想到儿子可能是早恋了，但是要怎么和儿子沟通呢？父亲明白如果沟通不好很有可能让儿子产生反感，于是决定以说心里话的方式了解一下儿子的想法。

　　一次，张铎做完作业后正准备拿出日记本时，父亲叫住了他："儿子，爸爸想和你聊聊。"张铎放下了日记本，走到父亲身边："爸，怎么了？"父亲说道："儿子，爸爸最近经常想起你妈妈，想起年轻时和你妈妈谈恋爱的场景，每一个夜晚，爸爸都要看着你妈妈的照片才能睡着。爸爸还担心你妈妈会怪我没有照顾好你，没有给你更好的生活。"说着说着父亲情不自禁地流下了泪水。张铎懂事地帮父亲擦眼泪："爸，别难过，我也想念我妈，妈是不会怪罪爸的，爸是最好的老爸。"这时，张铎拿出了那个每晚他都要写点东西的日记本，对父亲说："爸，每天我都会写上想念我妈的话，并且把您每天都在做什么写到上面去，虽然妈不在我们身边了，但我想告诉妈，老爸把我照顾得好好的，她可以在九泉之下安心了。"父亲听到儿子的话，才知道儿子不是在早恋，总算松了一口气，但是想到儿子从小就失去妈妈，眼泪流得更厉害了。

　　大多数父母在管教孩子方面都很难做到完全尊重孩子。其实，人人都需要尊重，青春期的孩子也不例外。在别人面前父母是他的家长，是他的合法监护人，但是在孩子面前，只是朋友，可以陪他玩、聊天的朋友。案例中张铎的父亲的做法值得大家去借鉴。试想如果父亲发现张铎开始写日记时，就盲目地认为儿子早恋等，从而像其他家长那样不但不信任儿子，反而质问儿子，对儿子恶语相向，不仅会遭到儿子的抵触，也会伤害儿子的自尊心。

信任是维系父母和孩子关系最好的纽带。当孩子信任父母时，他就会将包括情感、秘密等在内的许多事情告诉父母。所以，父母一定要利用好"信任"这个工具，打开与孩子沟通的闸门，陪伴孩子安全度过青春叛逆期。

建议二：增强法律观念，尊重孩子隐私权

在日常生活中，父母不尊重孩子的隐私可能是没有意识到孩子也有隐私权。在很多父母的眼里，18 周岁以下的孩子没有隐私，所以当孩子喊出"那是我的隐私"的时候，父母表示无法理解。《中华人民共和国未成年人保护法》中明确规定了孩子同样拥有隐私权，所以父母必须首先在思想上承认孩子拥有隐私权这一事实，然后在尊重孩子的基础上，通过合理的方式来了解孩子的思想动态。

尽管青春期的孩子自主意识增强了，但他的人生观、价值观还不成熟，在处理感情、人际关系等方面还不能很好地把握分寸，因此需要父母的指导。另外，青春期的孩子判断是非的能力不强，很容易受到社会上一些不良风气的影响，甚至因此养成一些不良的习惯，结交一些不好的朋友等。因此，父母在日常生活中要注意观察孩子的言行，及时通过合理的方式清除他"隐秘花园"里的不良因素，保障孩子健康成长。

建议三：通过活动加强沟通，帮助孩子答疑解惑

孩子常常把自己的隐私藏在心中，并常常为此困惑不已。这种情况下，父母可以借助参加活动的方式与孩子保持良好沟通，打开他的心扉，帮他答疑解惑。

案例

李敏的父亲是一家跨国公司的总经理，一直忙于工作，李敏经常几天都见不着他的面。但是，父亲从没忽略过对李敏的关心，一有时间他就会陪李敏打球或者带他出游。

李敏这样讲道："我知道父亲为了我在很辛苦地赚钱，所以我很珍惜父亲陪我的时间。每次和父亲出去玩，我都会觉得很开心、很轻松，心里有什么问题就直接和父亲说，我们一起探讨，父亲从不觉得我还是个孩子。记得初二放暑假

时，有一次父亲陪我去打棒球，我和父亲说我喜欢上了一个女孩。父亲突然大笑了起来说'我儿子真的长大了'。我当时脸就红了。

我又对父亲说，'我想听真话，我妈知道一定会骂我的。我也不知道怎么办才问您的'。父亲沉思了一会儿说，'爸不会骂你，你妈知道也不会骂你的，因为你没有做错什么。但是对于一个女孩来说，幸福就是她的一切，如果你还不能给予她幸福的话，你们在一起就等于是在害她，你明白吗？'父亲还告诉我，大事不能急于一时，恋爱也是这样，现在你觉得喜欢她，当你上大学以后，会遇到更多好女孩，你能保证不会像喜欢这个女孩一样喜欢上别的女孩吗？回去以后，我仔细地思考父亲的话，最后决定放弃这段感情。"

从李敏的口中可以得知，他的父亲就十分善于通过共同参加活动的方式来加强与他的沟通，探知他的内心世界，从而帮助他答疑解惑。这种方式，不仅便于父母了解孩子的内心世界，也利于孩子接受，父母不妨借鉴。

第五章
减少学校叛逆行为

一般而言，有了爱他的父母与和睦家庭，大部分的孩子会自然而然地适应学校的环境。不过，这并不一定代表所有孩子的校园生活就过得很快乐，逃学、厌学等现象普遍存在就说明了这一点。孩子的教育不是家庭或学校单方面就能完成的事业，而是家庭和学校共同担负的责任。对此，父母要多关心孩子在学校里的情况，多与老师沟通，配合学校和老师，让孩子的校园生活过得顺心、舒心。

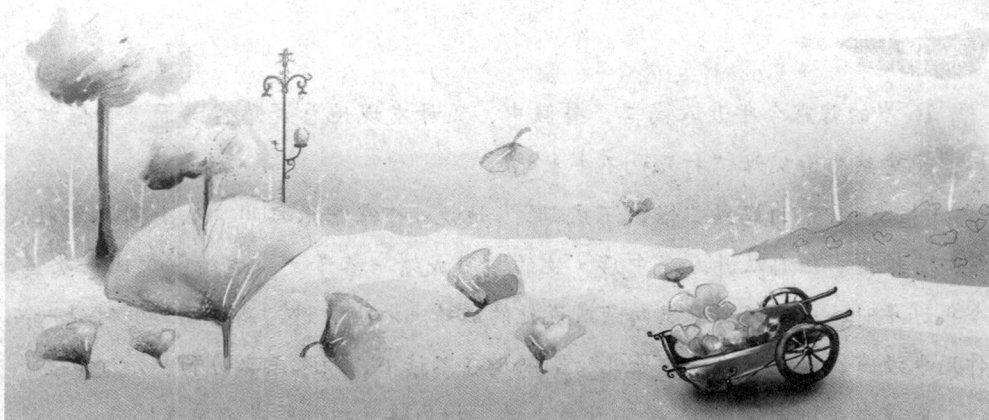

一、 让孩子摆脱厌学的困扰

析案明理

注意力涣散，学习被动，丧失兴趣，没有时间紧迫感，把学习不当一回事，功课不认真……这些都是孩子厌学的表现。厌学是孩子叛逆心理的一种外在表现，处于青春叛逆期的青少年，很多都有厌学情绪，甚至有的优等生也不例外。

"厌学症"是指学生消极对待学习活动的行为反应模式，主要表现为学生对学习认识存在偏差，情感上消极对待学习，行为上主动远离学习。患有"厌学症"的学生往往学习目的不明确，对学习失去兴趣，不认真听课，不完成作业，怕考试、怕排名，甚至恨书、恨老师、恨学校，旷课逃学。"厌学症"对青少年的生理、心理健康具有极大的危害性。

案例

16岁的露露今年升入高二，暑假中，父母发现她总是愁容满面，暑假结束后，她竟然告诉父母"打死也不去上学"。

对此，露露的妈妈"恨铁不成钢"，她说："露露很聪明，从小到大学习成绩一直很好。但自从升入高中后，她的学习成绩一落千丈，成绩一次比一次差。今年过年时，我都不好意思向亲戚说她的成绩。打也打过，骂也骂过，可是一点作用也没有，我就这么一个女儿，如果现在不读书，将来怎么办啊？"

露露却告诉同学："只要不让我上学，扫马路、扫厕所我都愿意！"

这是一个处于厌学状态的孩子。在生活中，像露露这样处于厌学状态的青春期孩子不在少数。她们听不进父母讲的道理，父母的打骂也无济于事。总之，父母为此愁白了头，就是不知道该怎样拯救厌学的孩子。

2001 年底，卫生部在全国精神卫生工作会议上提供的一份资料显示：我国 3.4 亿青少年中，学习、情绪、行为障碍者约 3000 万人。青少年已被列为 2001～2002年我国精神卫生工作的重点人群之一。

心理学家指出，厌学是青春期孩子心理问题中最为"时髦"的行为，厌学症是目前青春期孩子学习心理障碍中最为普遍的现象，是青少年最常见的心理疾病之一。对于家长来说，孩子"厌学"是令他们最为担心的话题。

案例

有一位家长谈到这个话题时说："最近发现女儿越学越没劲头，每天喊苦叫累，学习情绪也越来越消极，我看着干着急，一点劲儿都使不上。"

"我女儿从小学到初中成绩很好，现在死活不爱学习，作业不写，老师反映说她上课也不好好听讲，现在竟然找出各种各样的借口不去学校，这可怎么得了！"

"女儿 16 岁了，对学习极其反感，为此我和她谈了很多次，甚至威胁她说："学不好就去扫大街"，她居然一脸不屑地回答说："正合我意！"

面对厌学又叛逆的孩子，父母焦急万分，但是又束手无策。从心理学上来讲，孩子厌学是一种典型的心理疲惫反应，是一种孩子消极对待学习活动的行为反应模式，主要表现为孩子对学习活动的认识存在偏差，情感上消极对待，行为上主动远离，这些都会严重影响孩子的学习热情和学习效果。

专家支招

建议一：找到孩子厌学的病根

孩子得了厌学症，首先要找到病根儿，才能对症下药，那么导致孩子厌学的原因有哪些呢?

首先,孩子学习动机不强,缺乏正确的学习目标。

这样的孩子大多学习成绩不佳,被动学习,学习时感到乏味。他感受不到学习带来的成就感和快乐,只觉得学习让自己很累,但迫于家长、老师等施加的压力,不得不每天去学校混日子。

其次,家庭教育模式的偏颇。

有些父母忙于事业和赚钱养家,从而忽视了对孩子的教育,只提供给孩子足够的零花钱,而对孩子的成长漠不关心,孩子在情感上感受不到支持和温暖。父母还一味地用物质作为奖励手段要求孩子的学习成绩,孩子不愁吃喝,但学习成绩每况愈下,因为他的情感需求得不到满足,学习过程中体验不到快乐,这很容易造成孩子对学习产生厌恶情绪。

还有些父母自身生活态度很消极,每天吃喝玩乐、无所事事,没有追求,这严重影响到孩子的人生观和价值观的形成,使其得过且过,做一天和尚撞一天钟,进而导致厌学。

再次,现有尚不完善的教育体制的影响。

由于上级主管部门对学校教育质量的评估以升学率为主要依据,因此学校只好以追求升学率为主要目标。这种教育体制很难做到面向全体学生的素质教育,更不会专门针对厌学的孩子对症下药。

随着孩子学习时间的不断加长,考试次数的不断增加,作业量的不断加大等,孩子们的学习成绩两极分化,这使得一部分孩子不断产生新的学习困难和心理压力,导致他们更加厌学。

受到教育评价体制的影响,很多老师对优等生和厌学的孩子态度上的差异,客观上造成了孩子的学习机会不均等。厌学孩子上课发言的次数明显少于优等生,而老师对于厌学孩子的惟一要求是不破坏纪律,不影响别人就行。老师对厌学孩子的消极态度影响了他们的自我判断,使他们失去了进一步学习动力、兴趣和信心。

最后，社会不良风气的影响。

不良的社会风气和文化也会对孩子的学习产生一定的负面影响，比如"一切向钱看"的思想，不健康的电影、图书等，这些都会对青春期孩子产生消极影响。有些孩子还结交了一些不三不四的社会闲杂人员，耳濡目染，逐渐厌学。

建议二：帮助孩子找到与成长相适应的学习动力

案 例

关于学习，一个刚升入初三的学生是这样抱怨的：

升入初三，虽然我的学习成绩还不错，也知道学习对我的将来非常重要，但现在的我就是提不起学习的兴趣。真的，每天我都感觉真是太累、太烦了，回到家妈妈还会在我耳边不停地唠叨："如果现在不努力，成绩不好，别指望能考上名牌大学。"

她还总拿我跟她朋友家的孩子做比较，无非就是我多么多么不好，人家的孩子多么多么优秀。哎，一听到妈妈的唠叨，我的头就大了，我到底该怎样做才能找回小时候那股学习劲头呢？

进入青春期后，孩子的叛逆期也随之而来。这时，在学习上，孩子需要找到的是与自我发展相适应的学习动力。也就是说，在这个特别敏感的时期，父母首先要帮助孩子摆脱内心的困扰，重新找到学习的目标，激发出学习的热情，而不是一味地拿她跟别人做比较。

要知道，当面对学习成绩的下降，或感觉成绩难以提高，或感到学业繁重压力很大等的时候，那些学习一直很努力的孩子会不由自主地陷入心理困境中，从而无法集中精力学习。时间一长，便逐渐地失去了学习的兴趣。此时，如果父母及时地给予指点和开导，能避免孩子因无法缓解的压力而导致出现厌学情绪。

首先，理解孩子，多和他沟通。

一般来说，教育的关键之处在于父母与孩子之间能够进行良好的沟通。在日常生活中，父母可以多询问一下孩子是否有心事，在学习上是否遇到了困难等。

孩子愿意向父母敞开心扉，畅谈自己的所思所想，父母才能及时地了解孩子的心理变化，有针对性地给予指导。

其次，多欣赏和赞扬孩子自主、自立的行为。

在孩子的学习与成长的过程中，称赞和鼓励都有助于孩子养成主动学习、自我管理的好习惯。对于青春期叛逆的孩子来说，父母千万不要拿他跟其他孩子做比较。很多时候，父母越是不承认孩子的努力，越是忽视孩子的成绩，孩子的成长就越缓慢，其主动性和自我管理能力的发展也会因此而滞后。

最后，协助孩子制订学习目标。

在青春期，孩子的自我评价能力并没有成熟，因而他总会轻易地定下超出自己能力范围的目标，而随后迎接他的便是重重的失败，这时候也最容易让孩子产生厌学情绪。

对此，父母对孩子的教育不要急于求成，而应当在客观评价孩子能力的基础上，帮助孩子把诸如考大学、出国留学等这样的大目标划分为各个阶段逐步实现的小目标。当然，这些小目标的制订更应遵循孩子经过努力就能达到的原则，使他在每个阶段目标实现的喜悦中都能体验到成就感，从而增强自信心，提高积极性，重新找到学习的乐趣。

建议三：激发孩子的学习动力

美国教育博士简·纳尔逊曾经讲过这样一个故事：

案例

一位母亲看到女儿最近非常讨厌写作业，又想到老师在电话中讲到女儿在学校不爱学习的种种表现后，便对她的女儿提出了一个"荒唐"的建议：每天替女儿写作业。女儿听完后很吃惊，但并没有阻止，因为她想看看妈妈到底想耍什么"花招"来应付作业。

第一天晚上，妈妈就听从女儿的"布置"，完成了大部分家庭作业，几乎没有任何疑问。第二天晚上，妈妈开始频繁地询问女儿应该怎样去找相关的信息，或者询问老师有没有解释这个数学题该套哪个公式，那道物理题到底应该怎样才能做对。女儿不得不给妈妈讲解一些课堂上老师曾经讲过的东西。

后来，女儿发觉这种做法简直是自找麻烦，在给妈妈解答疑问的过程中，发现自己完全有能力解答问题，妈妈所做的只不过是动手写到作业本上而已。她不想让妈妈替自己写作业了，但妈妈却很坚持地说："不行，我担心你不能完成作业，这样会被老师责罚，会很糟糕。"

后来，妈妈只是就女儿明显没有弄清楚的题目与她一起探讨。这样过了一段时间后，她发现女儿不再抵触老师布置的作业了，且还能高效地完成，才不再继续为女儿做作业了。

这真是一位聪明的妈妈，当发觉女儿露出厌学的"苗头"时，她没有直接责骂，"真让我伤心，连作业你都不想写，你还想做什么""你傻吗？你难道不知道做作业都是为你自己好吗""写个作业能有什么困难呢？肯定你在学校只顾着疯玩，忘记了学习"……而是巧妙地参与到写作业的过程中，帮助女儿解决这个难题。

根据马斯洛的需要层次理论，除了生存与安全感外，人还有爱和归属、自尊和自我实现的需要。对于青春期孩子来说，他每天的绝大部分时间都花在学习上，如果在学习过程中，他的这些需求得到满足，就不会产生厌学情绪。

站在行为主义的角度上来说，如果在学习中孩子能够不断地得到鼓励、称赞，或者其他各种形式的激发、正面强化，他就会认为学习是一件非常有意思的事情，也就不会厌学了。

建议四：让孩子了解学习的本质，激发他的学习兴趣

在现行的教育体制影响下，在父母对成绩的过分强调下，大多数孩子并不清楚应该学什么，学到的知识有什么用处，只明白成绩的好坏是至关重要的。这样，成绩不好的孩子自然会产生厌学情绪。

当然，还有一些孩子也希望自己能考出好成绩，学好各门学科。但由于他缺乏正确的学习方法、高效的学习效率，学习成绩并没有什么起色，这让他既无奈

又失落，只好逃避学习。

　　由此可见，在平时父母应指导一下孩子的学习，让他深入了解学习的本质，重新认识学习的意义，从而激发出浓厚的学习兴趣，感受到学习的乐趣，而不是被成绩所拖累。

二、 孩子不是考试的机器

析案明理

让孩子进入好的小学，然后进入好的中学，再考上好的大学——这是每位中国家长对孩子的期待。家长常常根据考试成绩给孩子下"菜碟"：孩子的考试成绩好，得了第一，就把他当做"宝"，想要什么都尽力满足；孩子的成绩不好，家长就把孩子当成"草"，又是训责又是辱骂。把考试成绩作为决定孩子未来的唯一标准，是中国家长的通病，在他们心里，没有优异的成绩等于没有未来。

案 例

迟雨泽和迟雨桐是双胞胎，但是两个人在家里的地位却是一个在天上一个在地下。

哥哥迟雨泽是一个学习很棒的孩子，因为学习成绩好，全家上上下下十几口人都对他抱有很大的期望。一会儿爷爷说："孙子，只要你考上重点，爷爷就给你买一台笔记本电脑。"一会儿姥姥对他说："雨泽一定能考上清华的，到时候雨泽想要什么，姥姥给买什么。"叔叔阿姨也不落下，这个说要给他买名牌衣服，那个说买名牌手表……

弟弟迟雨桐没有哥哥的脑袋聪明，学习成绩一般，很不受家人重视。家里人已经养成了习惯，模拟考试成绩单下来以后，只会问哥哥的成绩如何，没有人会关心雨桐成绩提高还是下降。哥哥进步一分也会受到表扬，而他进步了多少都没有用。这件事让他很伤心，现在，他上课也不认真听讲了，下课、放学也不温习功课，有时间就出去玩儿，对学习完全不上心。

毫无疑问，接受教育在现代化的今天非常重要，没有好的学习成绩孩子就上不了好的大学，就难以接受更专业的教育，但是父母不应该把孩子当成考试的机器。尽管学习是学生的天职，努力学习是学生的义务，但学习成绩好坏不是衡量孩子的唯一标准，衡量孩子优秀与否要看他的综合素质。因此，对孩子要注重全面培养，除了学习成绩之外，还要注重培养他的优良品格，让他养成良好的行为习惯等。否则，把孩子当做考试的机器，过分注重他成绩的好坏，那么培养出来的可能只是一个书呆子，一个无法完全融入社会的非正常人。

专家支招

建议一：不要对孩子的学习成绩期望过高

望子成龙、望女成凤是所有的父母都有的想法，孩子成才是父母对他们的最大期盼，几乎所有的父母都对孩子抱有过很高的期望和美好的愿象，都希望自己的孩子能出人头地，为此很多父母都对孩子的学习抱有很大的期望。当然，父母对孩子有适当的期望可以促使孩子努力学习，奋发向上，但期望过高却会给孩子增加精神压力。繁重的课业负担加上这种精神压力会让孩子不堪重负，使他们渐渐产生了厌学情绪，甚至对自己的前途丧失信心。

案例

今年初二的钟晓由于父亲工作变动转到了另一所学校，两所学校的老师教学方法差异很大，周围陌生的环境也让他不能适应，因此他学习成绩大不如转学前。他在日记里这样写道：我觉得自己真的很失败，每次拿回试卷给爸妈签字，看着爸妈充满期望的眼神在看到那红红的两位数后眼底掠过的失望，都让我觉得好惭愧。我对不起爸妈，我真的不知道怎样才能让他们不再失望，我感到很无奈、很无助。

父母都希望自己的孩子能够健康、快乐地成长，然而对孩子学习成绩要求太高会让他变得不快乐，所以父母应该对孩子的学习保持一颗平常心，给孩子适当的期望，为孩子创造一种轻松的学习氛围，从而让孩子怀着健康、快乐的心态去学习。

建议二：指导、帮助孩子提高学习成绩

实际上，进入青春期的孩子，早已经明白学习的重要性和社会生存的巨大压力。但是就像俗话说的那样"十个手指伸出来也有长有短"，每个孩子的先天智力因素、所在学校的教学水平、自身的学习习惯、学习方法以及考场发挥水平、心理素质等都存在一定的差异，相互之间考试成绩也总会有差距，所以不能把学习成绩当做评价孩子的标准，而应当综合考量，以一颗平常心看待孩子的学习成绩。孩子在考试中成绩好，适当地进行鼓励；考得不好，帮助孩子认真分析，找出出错的原因，这样做更有利于孩子学习成绩的提高，也有利于与孩子之间保持一种和谐的关系。

案例

初杰刚上六年级时，学习成绩不太理想。每次考试过后，妈妈都帮他分析，一道题都不放过，并且还不断地安慰儿子："没关系，儿子，不要有压力，只要你真正努力了就行，相信你下次一定会考好。"不仅如此，她还很注重儿子课堂知识在现实生活中的运用。初杰的英语成绩一直在拖他总成绩的后腿，妈妈为此很发愁，后来她从教育杂志上看到了一些帮助孩子提高英语成绩的方法，于是她决定在孩子身上用一用。

首先，初杰的妈妈从培养他的英语学习兴趣入手。为了提高孩子学习英语的兴趣，妈妈经常带儿子去公园的英语角，让孩子和外国人进行简单的英语交流，这极大地激发了孩子的兴趣。此外，妈妈还经常给初杰买一些有趣的英语图画书，然后母子二人共同阅读。这种做法不仅激发了初杰学习英语的兴趣，而且也增进了母子之间的交流，融洽了母子关系。

作为父母，希望孩子提高学习成绩，无可厚非。但是，父母也要理智地分析孩子成绩不理想的原因，不能武断地认为孩子学习不努力、不认真，把孩子当成考试的机器。正确的做法是与孩子一起面对并解决学习中遇到的困难，帮助他选择适合的学习方法、技巧，从而帮助孩子提高学习成绩。

建议三：注重培养孩子的综合能力

其实，考试只是老师用来检验孩子在某段时间内对教科书的掌握程度，而分数只是形式，既不能证明孩子的知识量多少，也不能说明孩子的品德、才能如何。

人的能力表现在多个方面，学习成绩只是很小的一个方面。对父母而言，不要单纯地盯着孩子的学习成绩，而要注重发现孩子在其他方面的潜力，注重孩子综合素质的提高。

案例

毕加索是20世纪最具影响力的天才画家。他很小的时候就表现出在艺术方面的天赋，他的剪纸惟妙惟肖，他的绘画作品更是栩栩如生。所有知道他的人都叫他"天才"。但是对于毕加索来说，上课是老天对他的一种折磨，学算数是最要命的。他曾无奈地对父亲说："一加一等于几，二加二等于几，我脑子里根本就没去想。不是我不努力，我拼命想集中自己的注意力，可就是办不到。"同学和老师都认为他智力低下，老师为了表示他根本没法教，也经常在毕加索父母面前绘声绘色地描述他上课时的"痴呆"症状，左邻右舍也都在私下议论："瞧他那副呆头呆脑的样子，也只能画几幅画罢了。"几乎所有的人都这样认为：毕加索只是一个大笨蛋。

几乎所有人都在嘲笑和讥讽毕加索，然而他的父亲却始终坚信儿子虽然读书不行，但是在绘画方面一定会有很深的造诣。于是他对儿子说："算术不好不代表你一无是处，你依然能成为一个绘画天才。"小毕加索望着父亲坚毅的面孔，从中找回了一些自信。果然，如他的父亲所料，毕加索最终成为了举世闻名的大画家。

　　在当今社会，有很多人并没有很高的学历，但是他们一样在某个领域中有所建树。这不是说文化知识不重要，而是说成绩不能说明一切，除了分数以外，孩子的兴趣爱好、行为习惯以及待人处世的能力都非常重要。所以，对父母而言要注重培养孩子的综合能力，这才是他立足社会的根本。

三、 成人比成绩更重要

析案明理

随着社会竞争的日益加剧，父母越来越重视孩子的考试成绩，常常看成绩下"菜碟"：考试取得了理想成绩，父母不是夸奖就是鼓励，可是如果考试成绩很差或者没有达到父母的期望标准，父母就会板起面孔，轻者训斥，重者动手打骂。实际上，每一个孩子都明白学习的重要性，但是由于智商、学习环境、学习习惯等的不同，考试成绩也会有所不同。因此，父母要以一颗平常心来看待孩子的成绩，成绩理想只能说明孩子在前一段时间的学习过程中态度很好，而成绩不理想很可能只是因为孩子没有找到正确的学习方法，而不是所谓的不努力、贪玩等原因。

值得注意的是，父母对成绩不理想的孩子训斥或者打骂，不但不会让孩子在接下来的学习过程中更加努力，还会使其恐惧考试或者丧失学习信心。在历年的新闻报道中，有很多孩子因为成绩不理想而不敢回家、离家出走甚至自杀的新闻。究其原因，这和父母不能正确看待孩子的学习成绩都有很大关系。

孩子成绩不理想的时候，本来就不开心，父母如果再斥责他，势必让孩子的内心承受到更大的压力，让孩子更加愧疚。

案例

　　期中考试成绩下来以后，老师让同学们把考试试卷拿回家给父母看看，看完之后父母再签字。两天过去了，晓东把试卷放在书包的最底层，在这次考试中，他的语文成绩是 59 分，数学成绩是 85 分，英语成绩是 70 分，离妈妈的要求——每科成绩都要在 90 分以上差得很远。他每天回家都特别忐忑，生怕妈妈问他考试成绩或者翻看他的书包。到了学校以后，老师问及试卷时，他就撒谎说"忘记带了"他已经一连两天"忘记"带了。

　　晚上刚进家门，妈妈就朝他走了过来。妈妈说："晓东，期中考试成绩下来了吧。"晓东低着头没有吭声，妈妈接着说："今天你的班主任老师给我打电话，说你又把试卷'忘'在家里了。"晓东把头低得更低了，妈妈歪着头看到晓东的脸已经通红。妈妈笑了笑说："儿子，拿出来吧，妈给你签字。"晓东战战兢兢地从书包的最底层掏出试卷。妈妈看都没有看直接就在各张试卷上签上自己的名字，然后对晓东说："儿子，以后老师再让你把试卷拿回来签字，你就直接给妈，不要害怕。妈要求你每科都要 90 分以上，只是一个期望，这可不能作为你说谎的理由啊！"晓东抬起头看着妈妈的眼睛说："这两天我都害怕极了，我怕你骂我，我有一个同学因为成绩不好，被他爸爸罚站了一个晚上，我真怕你也那样。"妈妈接着幽默地说："傻儿子，你现在都快比妈高了，如果我罚你站，那你突然发起火来，妈不是要遭殃了？"晓东听到妈妈的话被逗笑了，说："妈，我怎么会呢。你放心好了，我一定会顺利考上初中的，就为我有一个开明的妈妈！"妈妈听到后也开心地笑了。

　　后来，晓东不负妈妈期望，果然顺利升入了初中。

　　晓东的期中考试成绩很不理想，远远没有达到妈妈对他的要求，但是妈妈知道以后并没有训斥他，也没有像晓东同学的爸爸那样惩罚他，而是"看也不看"地就在试卷上签了字。当晓东向妈妈说出心里的担心和恐惧时，妈妈幽默的回答让晓东觉得自己的妈妈是一个开明的妈妈。的确真是那样，孩子成绩不理想，开明的父母不会训斥孩子，因为他们知道训斥会让孩子压力更大，渐渐地孩子很容易变得恐惧考试、恐惧学校、恐惧父母，甚至孩子的心里开始产生厌烦，长此以往，非常不利于孩子的健康成长。

专家支招

建议一：孩子的成绩不理想，鼓励比训斥更管用

当孩子的成绩不理想时，父母训斥孩子是很常见的现象。孩子回家放下书包，父母就会追着问："考试成绩怎么样啊？第几名？"张口闭口都是关于考试成绩的事情，一听说孩子的成绩不理想，马上就会换一副嘴脸说："你怎么回事？我天天这么辛苦地供你，就换来你考的这么一点儿分吗？你要是再不努力，就会被别人甩在后面，还想考重点高中？门儿都没有！"听到父母这样的话，孩子一般会有两种表现：要么迫于压力，更加专注地学习，起早贪黑，把所有的时间都用来学习，但是这样不一定就能取得效果；要么在父母的压力和自身的压力下，做了逃兵，对学习产生抗拒心理，一提父母就觉得厌烦，从此放弃学习，成绩更是一落千丈。

案例

"这次考试，我儿子又没有考进前10名，老师也请了，他不会的内容我们也找老师给他辅导了，他怎么就不能争点气啊！"童雪着急地和朋友抱怨说。"你也别把孩子逼得太紧了，别着急，我儿子上中学那会儿，初一、初二成绩也不好，每次我都得在他们班级排行榜后面才能找到他的名字。可是上了初三就不一样了，什么找老师辅导啊，参加辅导班啊，孩子说都不用，我们也没有逼他，他自己就把成绩搞上去了。"朋友说。"你那儿子是聪明，我儿子那是真笨，我真纳闷这孩子怎么能这么笨呢！天天训都不管用，上次我训他，他还和我发脾气。"童雪接着满脸愁容地说。"童雪，孩子成绩不好，训斥只会起到反作用。我家邻居当初总是训斥孩子，那孩子被他爸训得一点儿自尊心都没有了，最后孩子跳河

自杀了。那孩子才16岁啊！他爸又是伤心又是后悔，可一切都晚了。所以你一定要注意，孩子成绩不好时，你要夸他，鼓励他，但是就是不能老训他。"

童雪听了朋友的话之后，认真地想了想：也许儿子成绩不理想的原因就是因为自己老训斥他，青春期的孩子都有自尊心，自己总是不把儿子的自尊心当回事，难怪儿子会对我那么抵触。后来，童雪改变了"策略"，儿子再成绩不好的时候，她只是帮他分析试题，最后不忘记说一句"加油！儿子"。没想到简单的一句话产生了很大的作用，儿子的成绩渐渐有了上升的趋势。

所有孩子不可能都考第一名，也不可能每次考试成绩都理想。当孩子考试成绩没有达到父母的"标准"时，他的自尊心已经受到了很大的打击，如果这时父母训斥或者惩罚孩子很有可能加重孩子的思想负担，也有可能让孩子不堪忍受后自暴自弃，或者有其他一些极端的行为。

建议二：与其注重孩子的学习成绩，不如注重培养他的学习习惯

事实证明，孩子学习成绩不理想，很大一部分原因是没有养成良好的学习习惯。所以父母与其过于注重孩子的学习成绩，不如把目光聚集在培养孩子良好的学习习惯上面。有很多孩子往往已经投入了很大的努力，但是因为基础薄弱、做题粗心、学习方法不合理等而导致成绩不理想，进而让他们感觉前路茫茫，学习自信心大为受挫。如果父母不了解状况，劈头盖脸地批评、训斥孩子，不但起不到效果，而且很容易让他丧失自信，进而变得自暴自弃。所以，父母要多关心孩子的具体学习状况，多和他沟通，与此同时，多注重他学习习惯的改善。

案例

思明现在已经上初中了，但是他很不好的学习习惯直接导致他的成绩比较落后，这一直都让他父母很头疼。思明每天学习到夜里12点以后，不是因为他有多勤奋，而是他做事很磨蹭，经常到了夜里12点作业还没有做完。不做完作业就不能睡觉，因此他保证不了充足的睡眠时间，继而导致第二天上课经常打瞌睡，学习效率也是每况愈下。

后来父母给他设定了一个时间表，什么时间要做什么，要做多久都标得很详细，以此来规范他、督促他。思明坚持了一个月以后，果然做事的速度提升了很多，常常夜里10点就把作业做完了，早早上床休息，保证了睡眠时间，第二天上课就可以集中精力听讲了，自然他的学习效率也提高了。

在案例中，思明做事磨蹭，学习效率低，也直接影响了他的学习成绩，但是思明的父母注重培养孩子的学习习惯——给孩子设定时间表，有效地改善了他的学习习惯，最终思明的成绩也得到了提高。因此，父母与其抱怨孩子的学习成绩不理想，不如从培养孩子良好的学习习惯入手，给孩子设定一个时间表培养孩子的时间观念，给孩子创造和优秀的同龄人交朋友的机会，让他们见贤思齐。

建议三：正确看待孩子的学习成绩

孩子无论取得多么糟糕的成绩，父母都要客观看待，不要被表面的分数蒙蔽了双眼，以此来训斥孩子就更加的不可取。父母引导和帮助孩子提高学习成绩无可厚非，但是如果过于看重考试成绩，在无形中就会增加孩子的心理负担，对孩子的身心健康是百害而无一利。

案例

月考考试成绩下来以后，刘莹没有像往常那样追问儿子的分数，而是给儿子做了他最喜欢吃的"卧薪尝胆"，儿子好奇地问："妈，你怎么不问我的成绩了？还做我最喜欢吃的菜？"刘莹在儿子旁边坐下说："我儿子都这么大了，对学习不需要我那么督促了，再说了，你学习是为谁呢？"儿子边吃边说："为你们学呗，学习的事每天你可比我上心多了。"刘莹听了儿子的回答哭笑不得地说："傻儿子，你为你自己学呢！你学习好了，考上大学是你的，拥有好前途也是你的，爸妈可沾不上你的光。"看着儿子疑惑的表情，刘莹接着说："爸妈这么督促你，知道你成绩不好的时候，忍不住骂你，那都是因为想让你有一个好前途，爸妈陪不了你一辈子。妈妈想好了，成绩是你的，我们跟着着急也没有用，所以以后不逼你了。"

从那以后，刘莹真的没有再逼儿子努力，儿子有不会的内容来请教时，她也欣然给他讲解，考试过后也不过问他的成绩。就这样，在期末考试中，儿子竟然考进了全班前五名。刘莹开心极了。

由此可见，孩子是否能够取得好成绩，和父母的态度正确与否有莫大的关系。孩子的成绩不理想，他最需要的是父母的安慰和理解，所以父母不能着急，更要忍住一时的气愤，调整心态，给予孩子最大的宽容和鼓励，帮助孩子重新找回自信心。

四、 多关心孩子在学校的表现

析案明理

一般而言，有爱自己的父母与和睦的家庭，大部分孩子会自然而然地适应学校的环境。不过，这并不一定代表所有孩子的校园生活就过得很快乐，逃学、厌学等现象普遍存在就说明了这一点。对此，父母要多关心孩子在学校里的情况，配合学校和老师，让孩子的校园生活过得顺心、舒心。

2011年，一部名为《炸三中》的视频出现在很多视频网站上，短短几天就被大量转载，获得了很高的点击率。

视频中，几名高中生穿着迷彩服，模拟特种部队的作战画面，攻入自己就读的学校——湖北某高中，以"牺牲"一人为代价，成功"炸掉三中"。虽然制作很粗糙，但可以看出视频在故事情节、场景设计、道具选择和镜头剪辑上，还是花费了孩子们很多的心血的。

视频的名字尽管起得惊悚，但那背后不过是这个年龄段的孩子最常见的叛逆心理。人们在对孩子们的搞笑剧付之一笑之外，也不禁要问：为什么如今的孩子越来越仇视学校了呢？

其实从这个年龄段过来的家长们，大抵都能理解这个视频背后的情绪。这些处于叛逆期的孩子不喜欢按照别人尤其是父母、老师说的去做，认为绝大多数规章都是不合理的，应该废除，还特别佩服那些敢跟老师对着干的同学。

虽然这是孩子在叛逆期的一种正常心理，但如果不加控制，也会影响到孩子的学习和校园生活。因此，家长必须找到孩子恨学校的原因，然后对症下药，使孩子能在学校里玩得开心、学得舒心。

案例

琳琳的英语成绩非常好，很受英语老师的喜欢。初二那年，琳琳随爸妈去了另一个城市定居，开始了新的生活。

新学校、新老师让琳琳一时适应不过来。一个学期下来，琳琳的学习成绩普遍下降，即使是最好的英语科目，也只刚刚考了个及格。

拿着期中考试成绩单，琳琳悻悻地回到家，把自己关在屋子里不说话。

妈妈猜出了女儿的心思，她站在房间门口犹豫了很久，然后举起手敲了敲门："琳琳，开门让妈妈进去，妈妈有话跟你说。"

不一会儿，门开了。琳琳红着眼睛，情绪很低落。

"以前，英语老师可喜欢我了，很多同学都嫉妒我。即使我有时考砸了，老师也会单独找我谈话，鼓励我。可现在没有人理我了，我什么都不是了……"

"你还是妈妈的乖女儿啊，你只是还没适应新的老师和新的教课方法，等你适应了，成绩肯定会上去的。"

"我怎么适应啊，那个英语老师太势利了，上课提问永远都是让那几个学习好的同学起来回答，其他同学都懒得举手了，我也不想瞎积极了。"

妈妈一时语塞，不知道该怎样解开女儿的心结。

孩子讨厌学校的一个普遍原因，是学校把分数、升学率看得太重。或许你的孩子也说过学校的一些不好的话，如"我们学校的操场真差劲""那个电脑教室实在是太小了，两个人合用一台电脑真没劲""老师上课太死板了，不想听"。如果他时常有这样的表示，而且表现得非常痛苦，那就值得注意了。遇到这种情况，家长应该赶快找出其中真正的原因，及时求得补救。

学校里一个有趣的现象，就是年级越高的学生，开朗的孩子越来越少。上课的举手发言就很能说明问题，高年级的学生没有低年级学生的发言人多，而且年级高的学生明显有着严重的心理压抑。他们掩藏着自己的内心世界，说着违心的话语，眼光开始游离，对学习的兴趣逐渐淡薄。

现在的孩子大多在学校是十分不快乐的，因为他们面临着成绩的压力，考好了还有考得更好的。要和本班的同学比，要和年级的同学比，甚至要和全省的同学们比，在这种无限制、扩大的对比当中，他们无法放松内心的负荷。

对于学习好的"重点培养对象"，教师往往把分数看得很重，而忽略了对他们心智、行为的教育。由于对自己的优势有着天然的自负感，这些成绩好的学生可能禁不起任何的挫折；他们对于自己地位的巩固时刻充满着担忧和恐慌，稍有放松就会有人超过自己，所以他们会一直处在一种焦虑的状态中。

学习差的孩子心理问题更大，在目前单一的评价体系下，衡量一个学生是否为好学生的标准，就是看成绩。成绩不好，同学们嘲笑、老师嘲笑、家长辱骂，孩子在学校就会丧失自信，看不到自身的价值，看不到今后的发展，生活没有了方向。

专家支招

建议一：正确对待孩子的分数

家长一定要意识到问题的严重性，不仅要自己树立正确的分数观，还要让孩子以正确的心态看待自己的学习。家长要启发孩子，学习一定要努力，但不要把分数看得太重。就像上述案例中的琳琳的妈妈那样，一定要耐心细致地引导孩子，让孩子不纠结于一次考试成绩和个别老师的偏见，安心做自己的事情，用行动去体现自己的价值。

建议二：关心孩子在学校的表现，发现问题积极引导

在感觉孩子有厌学情绪之后，家长首先要沉得住气，不能简单地用棍棒加金钱的方式来强迫孩子，这样只能是火上浇油。家长首先要从孩子的生活环境入

手，从家长自身和学校环境上找原因。

案例

正在读初一的小龙最近一段时间总是找借口逃避去学校，有一次甚至背着书包在街上瞎转了一整天。直到老师打来电话，小龙的爸爸才知道孩子不在学校。

爸爸妈妈问他为什么逃学，他嗫嚅了半天，说："不为啥！就是不想去学校了……"刚开始，爸爸还以为是孩子太贪玩了，气得不行，但晚上父子俩一起洗澡时，他才发现，儿子的腿上有一大块青紫！

一问才知道，昨天下了体育课后，班上有个很霸道的同学让小龙去替他买冰棍，小龙不想去，就被他照腿上踢了两脚。原来，儿子不愿上学是因为害怕再被这个同学欺负。

第二天一大早，小龙爸爸就带儿子去了学校。一了解才发现，小龙在学校的情况的确很糟糕：在班里，无论是学习、值日还是参加文体活动，他都比别人慢半拍，还经常闹笑话，同学们因此经常取笑他。而对于同学们的取笑，他每次都是把头一缩，不仅不生气，甚至连一点不满的表示都没有。

如此一来，一些孩子便以为他好欺负，对其他同学不敢说的话、不敢做的事，到了小龙身上就变得无所顾忌了，小龙因此成了"受气包"。在这种情况下，小龙怎么还会对上学有兴趣呢？

为了扭转儿子在学校的这种"被动局面"，爸爸有意对儿子进行了"胆量"教育。比如多给他提供"练胆"的机会，星期天带他去游泳、探险，这类有一定挑战性的活动很能锻炼孩子的勇气与胆量；去动物园的时候有意带他去看狮子、老虎等各类猛兽，以现实世界的生存法则教育他，要做一个生活的强者；日常生活中，他也是尽量鼓励儿子大胆做事，从不为他无意中做错了一件事而责怪他……

在此期间，小龙的班主任也做了大量工作。他在班里开展了"尊重他人就是尊重自己"的主题活动，号召同学们互相帮助、互相尊重，为小龙的性格转变创造了一个宽松的外部环境。

经过三个多月的努力，令小龙爸妈高兴的事情发生了。一天晚上，小龙的班主任打电话过来，说小龙今天的表现很出色。

原来，中午放学时，班里有个一贯很霸道的孩子强迫小龙替他值日，被小龙拒绝了。那个同学见他竟敢不听话，便要动粗，小龙义正辞严地警告他"你要敢打人，我就告诉老师"，并拉开架势准备自卫。见此情景，其他同学也都站在了小龙一边，纷纷指责那个同学太霸道……

如今，小龙已经完全改变了过去的怯懦，他变得越来越自信，在学校的表现也越来越好。

每个孩子讨厌学校、讨厌学习的原因都不同，这个案例中的小龙，他不想去学校是因为受到同学的欺负却不敢反抗，从而对学校有了恐惧感。厌学对孩子的健康成长是非常不利的，但只要家长、老师耐心分析、认真观察，并及时给予正确的引导，是完全可以帮助孩子走出厌学的困扰的。

五、 告诉孩子人缘越好快乐越多

析案明理

　　孩子在学校里每天和老师、同学朝夕相处，师生关系、同学关系相处得好不好直接决定了孩子的校园生活是快乐还是压抑，而对师生关系、同学关系起决定作用的，就是孩子的人际交往能力。人际交往能力强，孩子就会有很多朋友，生活丰富多彩，出现一些心理问题的概率就很小。如果交往能力差，每天形单影只，校园生活索然无味，会让孩子产生自闭、厌学等症状。因此，为规避孩子叛逆心理和行为的出现，父母还要注重孩子人际交往能力的培养。

　　人际交往对孩子的成长、个性的形成和发展具有特殊意义。一个人的个性总是在特定的社会环境下，通过与其他人的交往逐步形成的，交往使孩子有了更多的学习各种知识并获得社会经验的机会。在与他人交往过程中，孩子逐渐理解和掌握了道德行为规范、社会价值观念，学会认识别人和评价自己，渐渐形成不同于他人的意识倾向、心理特点和个性品质，形成一种积极向上的情感。

　　可以说，良好的交往能力是建立良好人际关系的基础和前提，它有利于人们心理的健康发展，有利于人们自我意识的发展与完善，有利于人们克服困难、促进事业的成功，并实现人生价值。

　　对于大部分时间都在学校中度过的孩子来说，善于与他人交往的孩子不仅能够从容地与同龄人相处，而且能够从容地与老师等成人搞好关系。孩子是否善于同别人打交道、在人群中的人缘如何，对他以后的学习和人生发展会有很大的影响。

案例

欣欣是一个内向的女孩，她不善于与人交往，一丁点儿的小事都能成为让她烦恼至极的大问题。

欣欣和李莉、小雨是一个小区里居住的邻居，又是一个班里的同学，三个人的关系非常好。看着她们每天形影不离的样子，不少同学都很羡慕，可即使是这样的关系，欣欣也有处理不好的时候。

前两天，因为一点小事，李莉和小雨产生了矛盾，两人不说话了。更让欣欣感到为难的是，李莉让欣欣别再和小雨玩了，就她俩好。小雨也让欣欣别理李莉了，要孤立她。欣欣夹在中间左右为难。她谁都不想失去，又谁都不想得罪，结果两人反倒都疏远了她，这让她非常郁闷。

妈妈看女儿最近的状态不好，就问她是怎么回事。

"真不想去上学了，烦死了，以后我再也不跟别人玩了，都弄这些烦心的事儿来气我……"

"和同学吵架了？"妈妈小心翼翼地问。

"我这个闷葫芦能跟谁吵架，我懒得理别人，以后我就自己一个人玩，不想跟任何人交往了。"

"李莉和小雨你也不跟她们玩了？"

"全是假的，都这么虚伪！"欣欣愤愤地说。

妈妈在一边甚为忧虑："和同学的关系处理不好，对学习肯定会产生负面影响，学校生活还长着呢，以后遇到的事情会更多，孩子这样的态度怎么行呢？"

良好的同伴关系是孩子健康成长和学业成功的必要保障。可现实生活中，有相当一部分孩子处理不好与同学和朋友之间的关系，家长对此也忧心忡忡。

专家支招

建议一：教会孩子换位思考

日常生活中，家长可以通过看电视、游戏等方式，教孩子观察别人的情绪变化是如何通过脸部表情及肢体动作来表现的，并要注意引导孩子学会思考自己的行为对他人会造成什么样的情感变化。家长可以多问问他"如果你是他，你会怎么想"

建议二：教孩子学习一些具体有效的社交策略

比如欣欣的妈妈就可以这样启发女儿：去分头说服李莉和小雨，告诉她们，一时的矛盾是难免的，友谊却是值得一辈子珍惜的东西，只要两人不计前嫌，三人还是好朋友。在说服的过程中，要语言诚恳，切忌挑拨孩子和同伴之间的关系，导致矛盾越来越深。

六、 多与老师沟通

析案明理

孩子的教育不是家庭或学校单方面就能完成的事业，而是家庭和学校共同担负的责任，因此，家长和老师之间的沟通就显得非常重要。教师和家长是朋友关系，都是为了孩子健康快乐地成长。家长与老师多交流，对全面了解孩子、及时发现孩子存在的问题是非常重要的。

在孩子求学阶段，家长最关心的就是孩子的习惯培养和学业成绩，而教师也是"传道、授业、解惑"，争取早日让孩子养成主动学习的良好学习习惯，有一个美好的未来。因此说，教师和家长的目标是一致的，如果学生追求上进，学生也会主动接受教师和家长的意见，使三者达成一致的目标。在三者目标一致的情况下，孩子才会学得舒心、玩得开心。

案例

王旭今年15岁，是初中二年级的一名学生。王旭的父母读书不多，所以对儿子的期望很高。上幼儿园时，他们希望儿子能上一所好小学；上小学时，他们希望儿子能考上一所好初中；现在好容易读初二了，他们又希望儿子能考上一所好高中，将来再考进一所好大学。

因此，从上小学开始，除了学校的课程外，爸爸妈妈还有选择性地为王旭在校外报了许多辅导班，总希望孩子能多学一些东西，将来在考学时多一些竞争力。

令人欣慰的是，多年来王旭也不负父母的重望，学习成绩在班级一直遥遥领先，年级排名也从来没有下过前五十名。可最近一段时间不知道怎么回事，父母发现他好像不愿学了，不仅各种辅导班不愿上了，学校老师也反映他平时上课心不在焉。回到家里，他不是看闲书就是睡觉，父母问他怎么了他也不说，就是说学习没意思，不想学了，想退学。

"明年就要升高中了，他要一直这么厌学下去，可怎么办啊？"王旭的妈妈非常着急，但又无计可施。

孩子出现叛逆的心理和行为，是多种因素作用的结果，呈现的方式也不一样。特别是厌学、早恋这一现象，老师往往能最及时、最准确地判断出来，因此父母要全面了解孩子，应该相信老师，多与老师沟通。如果孩子在学校有什么异常，比如上课不认真听讲、作业不认真完成等，家长要及时获知这些信息。只有与老师沟通，孩子才能及时纠错。

专家支招

建议一：要及时主动与老师沟通

"当局者迷，旁观者清"，当孩子出现问题时，孩子身边的家长可能很难判断出原因，而通过及时和老师交流，则有可能很快找出解决问题的对策来。如果硬要把家庭和学校的职责完全分割开来，对老师的教育家长一点都不去配合的话，最后吃亏的还是孩子，因为孩子将无法适应两种完全不同的教育方式。

其实，孩子平时白天的大部分时间都在学校，家长和孩子的接触时间非常少，对孩子的问题有时会很难发现，这样家长平时与老师的交流就很重要，最好不要等到孩子有了明显的问题时才联络。

因此，为了孩子的健康成长，家长一定要和老师多交流，及时挖掘孩子身上的潜力，也可把潜在的问题消灭在萌芽状态。

案例

石老师是一位非常有经验的初中班主任，他提倡的家——校沟通模式，深受学生家长的欢迎。

石老师回忆说，他以前任教的班上有一位女学生，逆反心理特别严重，老师安排的作业很难按时完成。虽然他也和这位学生交流过多次，但效果并不理想。

有一次，女孩因为一点小事跟同桌大吵起来，把同桌的女生气哭了。石老师借此让女孩的妈妈来学校一次，两人一起探讨孩子这种逆反行为的原因。

通过交流石老师发现，这个孩子的逆反与父母的教育行为不当有关。由于夫妇俩家在农村，两人一起在县城打工，只好把女儿和儿子放到了农村老家，由孩子的奶奶照看。每到周末，女孩才有机会坐车到县城和父母团聚。

然而，就在周末这两天，女儿与父母的冲突不断爆发，起因还是学习问题。父母想的是女儿学习成绩不好，这两天就应该在家好好学习，而孩子心里想的却是，平时你们一点也不关心我，难得周末我能来县城里玩两天，你们还逼着我学习。

由于家长和孩子之间缺乏正常的交流，矛盾逐渐升级，直接发展到女儿故意和父母对着干，最后干脆拿着奶奶给的钱在县城的街上闲逛，也不愿见爸爸妈妈。更严重的是，孩子在学校里也习惯和老师对立了。

经过一番交流，石老师终于把问题的症结找到了，于是他对症下药，给这个女孩的妈妈提出了几点建议。

首先，石老师劝说她尽快改变对女儿的态度，不要只是督促女儿学习，要心平气和地多和女儿交流，耐心倾听女儿的心里话，少一些指责，多一些鼓励表扬，让女儿感受到父母的爱。其次，他在学校里配合家长，经常和这个学生谈心，不是督促、批评她怎么又没完成作业，而是询问她最近哪些知识学得有兴趣，还有哪些知识点没听明白。在课堂上，石老师也注意多让她回答一些简单的问题。

很快这个女孩的学习态度明显改变了，也不再和老师对抗了。学习成绩进步也非常明显，由班里的倒数逐渐上升到了中游水平。

每位家长都爱孩子，然而爱孩子老师的家长却为数不多。家长是孩子的榜样，如果家长喜爱孩子的老师，并且努力和老师成为朋友，那么家长的态度也将会影响到孩子，孩子也会爱自己的老师。亲其师而信其道，爱老师的孩子就会听老师的话，那么老师的教导就会有作用，无论是在学习上还是在做人方面，相信孩子都会做得更好。

建议二：与教师沟通要真诚信任

在教育孩子的问题上，家长和老师的目标是一致的。无论孩子出现了什么问题，老师和家长的心情也是一样的，都想尽快解决问题。因此，家长首先要信任老师，相信老师的做法都是为了孩子好，对老师的建议要虚心接受，不要表现出反感的情绪。如果认为有需要进一步探讨的问题，也要真诚地和老师一起商量对策。

七、 告诉孩子学习是一种快乐

析案明理

苏联教育家苏霍姆林斯基说："家长和教师通常犯的错误是，他们不了解学习是脑力劳动，脑力劳动所特有的规律是劳动者必须处于主动的状态。"对于家有厌学的孩子的家长来说，这句话有很大的启发性。要想让孩子的学习达到理想状态，家长应该学会培养孩子学习的自主性，变"要他学"为"他要学"。

美国一个儿童博物馆的墙上有三行字："我听到的就忘记了，我看到的就记住了，我做过的就理解了。"很多家长以为，我们告诉孩子怎样做就可以了，其实不然。人不是靠大脑来完成记忆和行动的，而是靠自己的亲身体验，学习也是一样。要让孩子亲自去摸索学习，而不是靠家长的说教。

教育孩子是家长的天职，孩子在学业上取得成功是每个父母的最大愿望。在培养孩子自主学习的过程中，"授之以鱼"不如"授之以渔"，如果孩子拥有自主学习和思维的能力，学习能力就会有较大的提高，这样也就拥有了终生学习的能力。

所谓自主学习，就是指在学习上主动而不是被动，自觉而不是盲目，自立而不是依赖，对自己有目标、有要求、有计划、有反思、有总结，而不是做一天和尚撞一天钟，对自己不负责任。

自主学习是学龄期的孩子首先应该形成的品质，但实际上，大部分孩子并没有这种意识。他们在学习方面缺乏自主性，学习成绩不理想，其常见的表现主要有一下3种：

一是对学习缺乏兴趣，反感学习，总是想方设法逃避学习。这类孩子厌学，在课堂上他们听讲不入真，平时厌倦做作业，把学习当做累赘。

二是把学习当做应付的任务。有的孩子迫于老师和家长的压力才进行学习，上课时他们极易走神，小动作不断；做作业时他们往往投机取巧、拖拖拉拉、能混则混，甚至直接抄答案。

三是学习不得法，畏惧情绪严重。这类孩子虽然听从家长和老师的要求，在课堂听讲和作业完成方面态度也比较认真，但他们的学习方法比较死板，做不到举一反三、触类旁通。对于学习中的难题，他们往往想法子绕开，不会主动去弄清缘由。

案例

浩然一边吃饭一边不时地看墙上的钟表，心里在盘算着：一会儿球赛就要开始了，得赶紧吃完，别错过了好戏，哈哈……

浩然低头偷着乐，但却被妈妈识破了诡计。

"儿子，我听孙阿姨说，她儿子杰杰参加了奥数培训班，准备参加区里的奥数竞赛，你有没有兴趣？"

"没有，区里的运动会我倒是有兴趣。"浩然收了笑脸，"一本正经"地对妈妈说。

"别在我面前装样子了，我还猜不透你那点小心思，惦记着球赛是不是！看球能看出好成绩来吗，一天不督促你就把学习忘了，像没长耳朵一样，你咋就不学学人家杰杰……"

"他只能给我们当守门员，或者捡球的……"浩然不屑地说。

"你什么时候把踢球的劲头用在学习上，我和你爸爸就省心了！"妈妈气愤地说。

"我就是懒得学，我要真用心学，保证没人比得过我。你看，我现在可是球队的前锋了。"

"你还嘴硬了是吧！"妈妈把碗筷一推，怒目圆睁地看着儿子。

浩然把碗一推，说："我吃饱了。"然后自顾自地回屋了。

"太不像话了，这孩子我管不了了……"妈妈既生气又无奈。

类似的争吵估计很多家庭中都会有，孩子不爱学习固然有孩子自身的原因，但家长也应该反思自己，看是不是自己的责任。

我国著名儿童教育家陈鹤琴先生曾说："做母亲的最好只有一只手。"很多时候，正是家长过度的爱，剥夺了孩子尝试自主学习的机会，使孩子在学习上变得容易依赖别人、缺乏主动性。

一方面，现在的孩子大都是家中的独苗，家人都围着他转，在学习上他一遇到难题，家长便上阵解围。由于家长的溺爱，孩子便时常身处被动地应付状态之中，从来就不敢主动地去干点什么。为了提高升学率，不少老师不得不采取"填鸭式"的教学，孩子的学习也因此处于被动状态。

另一方面，很多孩子从小学开始，就四处奔波着参加各种补习班，本来玩是孩子的天性，当这些孩子被剥夺了玩的权利只能学习时，学习还有何兴趣可言？何况，现在的家长对孩子的期望越来越高，孩子难以得到家长的肯定，自然也体验不到学习的成就感和快乐。就这样，孩子自主学习的动力渐渐地消失了。

被动学习，孩子逆反，家长烦心。孩子缺乏自主学习的能力，会直接影响其成绩的提高和自信心的形成，严重的还可能引发厌学情绪，家长对此应该引起足够的重视。

专家支招

建议一：转变观念，适度放手，让孩子树立自主学习的观念

家长是孩子的启蒙之师、终生之友。要培养孩子自主学习的能力，家长首先要实现观念上的自我变革，为孩子自主学习提供观念支撑，这是孩子进行自主学习的重要保证。

因此，要想培养好自己的孩子，家长首先要注重自我学习，提高认识，着眼现在，放眼未来。因为你的行动会潜移默化地影响孩子，言传身教的效果会更显著。

建议二：要减少孩子对学习的抵触情绪

随着年龄的增长，孩子的独立意识越来越强，家长更应注重与孩子之间的交流。在交流中，家长应该注意：孩子的学习生活的确很辛苦，压力的确很大，这一点家长应该表示"认同"，要让孩子感觉到自己的付出得到了家长的认可。当抵触情绪大大减轻时，孩子就能更好地接受父母的教育。

建议三：掌握良好的学习方法和技巧

孩子是学习的主体，只有激发他的学习积极性，才能变"要我学"为"我要学"。激发孩子学习积极性的方法有很多，家长可根据孩子的具体情况采取相应的方法。

案 例

马先生的女儿真真升上初中后成绩就有所退步。马先生觉得女儿学习缺乏主动性，也没有太好的学习方法，于是他找班主任咨询，最后终于"独创"出了一些很有效的小方法。

首先，马先生和妻子在邻居中选了一位与真真同年级的、比她学习差的孩子，约好在每周五的晚上由真真辅导她功课。为了辅导好这位同学，真真

在学习上变得积极主动起来，不懂的地方经常主动问爸爸妈妈，或者积极地查资料。马先生对女儿的辅导能力给予及时的鼓励。后来，女儿和那位同学的成绩都有了一些提高，女儿的自信心也提高了。

其次，马先生还为女儿在班里选择了两名与她学习成绩相当的学生，把他们作为女儿的竞争对象，要求女儿每次考试都要力争超过他们。一段时间以后，当真真的成绩有所提高后，再选两名成绩好一些的学生作为她的竞争对手，这样阶梯式地前进，使真真学习起来更有信心、更有乐趣了。

马先生还通过班主任了解到几个优秀生的学习方法非常科学：充分利用学习时间以提高学习效率，在有限的时间内解决重点、难点问题。受此启发，马先生为女儿设定了一个学习策略，即回家后先让她做自己最有兴趣的事情，比如听音乐、做运动等，在精神状态好的时候再打开书本学习，从而收到了很好的效果。

经过一年多的坚持，真真的学习自主性大大增加，根本不用大人督促了，学习成绩也有了大幅度提高。到初三时，她已由班里的三十多名上升到前十名。

这位家长以让孩子选择合适的竞争对手，开展学习竞赛等方式，大大促进了孩子学习积极性的提高。同时，也增强了孩子克服学习困难的主动性，让孩子养成了自主学习的良好习惯。

第六章
化堵为疏，积极引导

　　青春期是人生的关键时期，也是人生最动荡的时期。青春期的孩子心理变化比较复杂，情绪也随之变得飘忽不定，用"像雾像雨又像风"来形容一点儿也不为过。同时，他还非常迫切地想要摆脱父母的保护，自己掌握自己的人生。然而，孩子对爱情还是比较朦胧，对吸烟、酗酒还没有正确的认知，自己正确价值观还未完全形成。这就需要父母更多的关怀与呵护，作为过来人，应该用恰当的方式，给予孩子一些引导和帮助，让孩子顺利度过青春叛逆期。

一、 孩子早恋， 重在沟通引导

析案明理

孩子进入青春期，生理上有许多变化，对异性产生爱慕，这是人体发育的一种本能，是孩子告别少年时代所要经历的特定时期。有的孩子陷入早恋，确实给父母和老师带来了很多难题，于是有些父母、老师视早恋为"洪水猛兽"，大有"赶尽杀绝"之势。然而，这样做不仅堵不住，还会让孩子出现逆反的心理或行为。

案 例

小燕的妈妈接到小燕班主任的电话，请她到学校去一趟。来到学校，小燕的妈妈非常惊讶，没想到这次老师找她谈话，谈的竟然是"早恋"这个问题。她怎么也想不到，自己听话又勤奋好学的女儿竟然"早恋"了。

老师拿出了指证小燕的"证据"——几张纸条，是她和同桌的男生相互写的。"另外，据有些同学说，他们放学之后还牵着手在路上走。这么小就懂这些，不早管以后可就坏了。"老师皱着眉头，语重心长地对小燕妈妈说。

小燕的妈妈被老师的话说动了，她生气极了，一种羞愧的感觉占据了她的大脑。带着这股怒火，妈妈回家狠狠地打了小燕，小燕哭得泣不成声。妈妈大叫着："你要再敢跟那个男生好，就让你转学……"

这次"暴力惩罚"似乎起到了作用，老师说最近小燕已经不跟那个男生说话了，放学也不在一起走了。可是，从这以后小燕的学习成绩却渐渐变差了，老师经常看到她上着课眼神却是直的，不管怎么跟她谈她都打不起精神来，人也消瘦了很多……

一年多过去了，一天妈妈经过一个胡同口时，竟然看到了女儿跟一群社会"小混混"混在一起……

在上面的案例中，母亲没能理性对待女儿的早恋，致使女儿更加叛逆。这种情况下，父母就要做好个引导者的工作，引导孩子正确对待这份感情，教孩子珍惜这份情谊。父母的大惊失色、忧心忡忡，或者一些捕风捉影的批评，只会让孩子将错就错、弄假成真。

专家支招

建议一：避免误解，把孩子早恋和正常交友区分开

关于早恋这个话题家长不胜其烦，孩子青春期是所有父母眼中最紧张的时期。很多父母在孩子进入青春期以后都当起了"侦探"，每天密切关注孩子的一举一动，对孩子正常的异性交往，也会疑神疑鬼。父母的怀疑往往让孩子很苦恼，一个初二的孩子对父母这样大喊道："我们就是简单的朋友交往，你们不要想得这么复杂好不好！"但是再大的声音也不能让父母停止怀疑，在他们眼中，孩子这种无奈的喊声就是在为其早恋作"辩护"。

如果问父母：难道正常的异性交往也是早恋？父母的回答一定是否定的。但是在现实生活中，很多父母对孩子和异性朋友的正常交往总是持有怀疑态度。

案例

一天，王丽下班早，就去接儿子放学，然后准备一起去姥姥家吃饭。放学的铃声响过之后，王丽在学生群中寻找儿子的身影，但是找了半天也没看到。王丽心里想：可能刚才学生太多，儿子已经回去了，还是回家看看吧。

正想着，她不经意地看见儿子和一位女同学有说有笑地向门口走过来。王丽迅速地转身，脑袋好像突然炸开了一样，有一个想法率先蹦出来——"儿子在谈恋爱"。就在王丽想怎么办的时候，儿子和那位女同学从她身后走过去，很显然，儿子并没有发现她。

王丽惊慌中搭了一辆出租车就回家了。回到家以后，王丽想来想去都觉得要相信儿子。再说，如果是谈恋爱的话，学校老师一定会告诉自己的，王丽这样想。半个小时以后，儿子回到了家。王丽语气很自然地对儿子说："儿子，妈刚才去你们学校接你，等了半天都没等到你。"儿子听了妈妈的话，愣了一会儿说："哦，早上您也没说啊。我今天和同学讨论问题，出来的有些晚。您怎么会突然想接我了？"王丽接着问道："儿子，男同学还是女同学啊？女同学吧？长得怎么样啊？"儿子听了妈妈的话，不好意思地笑着说："妈，您什么时候这么八卦啊？我们就是同学，连朋友都算不上。"王丽说："噢，也没什么。有时间带你同学来家坐坐，你都没有带女同学回来过。""妈，您就不怕我带一个媳妇回来？"儿子嬉皮笑脸地问。"怕？这有什么好怕的？你当妈是老古董呢，你带回来我也不怕。你们的路长不了。"王丽旁敲侧击地说道。"我知道，所以我现在一门心思学习，那些乱七八糟的事等以后再说。"儿子很坦然地说道。

听了儿子的话，王丽松了一口气，并且庆幸自己一直坚持相信儿子。她温柔地对儿子说："儿子，今天带去你姥姥家吃饭。"说着就拽儿子出了门。

看到儿子和异性同学有说有笑，王丽没有疑神疑鬼，而是给自己足够的时间和空间进行理智分析，最后做出儿子不会早恋的正确判断，然后在轻松而愉快的气氛中和儿子进行谈话，让孩子明白现在恋爱不会有好结果的事实。可喜的是，儿子是个懂事的孩子，很明白妈妈说的话。另外，假如儿子真的谈恋爱了，经过这次谈话之后，他也会悬崖勒马。

可以肯定的是，很多孩子"早恋"的真正原因就是父母的唠叨和老师的怀疑。父母的盘问、翻查书信、唠叨等行为，让孩子烦躁，从而激起了孩子的叛逆行为。所以，父母要懂得理解孩子，信任孩子。在青春期，孩子的课业负担往往比较繁重，压力也比较大，如果父母还因为"早恋"这些莫须有的事情误解孩子，就会让孩子的身心受到伤害，结果只会适得其反。

建议二：发现孩子早恋，父母重在积极沟通引导

很多父母在发现孩子因为早恋而魂不守舍的时候，要么批评、辱骂孩子，要么到学校找老师，或者到对方家里告状，结果弄得满城风雨，不仅伤害了孩子的自尊心，还会让孩子不尊重、厌烦父母。所以当父母发现孩子陷入"早恋"以后，一定要保持冷静，和孩子保持良性沟通。在孩子遇到困扰的时候，在旁边予以帮助。在孩子诉说感情困扰的时候，注意倾听，给孩子中肯的建议和指导。在有意无意间教育孩子要懂得自尊、自爱，通过自身的经历或者朋友的经历告诉孩子，历久弥坚的爱情需要有成熟的心理和一定的经济基础。

下面我们来看一则外国的家教案例，或许能够从中悟出一些道理。

案例

在吃晚饭的时候，父亲突然问儿子："那个被你看上的孩子叫什么名字？"儿子被爸爸吓了一跳，镇定之后小声说了出来："鲁亚。"父亲温和地说道："到此为止吧，儿子。"听了爸爸的话，儿子辩解说："不，她是一个很好的孩子，各方面都很好。""你还太小。"父亲摇了摇头。"爸爸，别开玩笑了，你17岁的时候已经和妈妈在一起了，而我也快17岁了。"儿子抓住了父亲的把柄，这样说道。

"你说的没错。但是我17岁时已经是酿酒坊的师傅了，每个月可以赚2000万里拉。我的意思是我可以为自己的爱情买单了。而你呢？一个里拉都赚不到，你凭什么钟爱那个孩子？"

父亲的话让儿子败下阵来。父亲接着说道："儿子，不是爸爸老顽固，我只是想告诉你，没有经济基础的爱情是不会长久的。而且，一个男子汉，

无论他多少岁，只要没有一定的经济基础，他都是早恋，对孩子来说就是一种伤害！"

一语惊醒梦中人，儿子反复思量后，做出了离开鲁亚的决定，尽管后来他为此痛苦了半年的时间。

自那以后，他专心于自己的学业，最终考上了土耳其最好的国立大学——伊斯坦布尔大学，并且在 2006 年成为诺贝尔文学奖的获得者。他就是奥罕·帕慕克。

奥罕的父亲通过自身的经历告诉儿子：没有经济基础的爱情就是空中楼阁。父母可以结合自身的经历，让孩子对友情、爱情以及婚姻分辨得更清楚，让孩子明白过早地恋爱有哪些危害。

另外，父母还可以培养孩子广泛的兴趣爱好，带孩子参加更多有益身心的活动，以转移他的注意力。

二、 为了健康， 远离烟草

析案明理

吸烟，就像服慢性毒药，会慢慢地损害孩子的身心。现如今，穿着校服吸烟已经成了一道独特的"风景"线。在网吧的门口，学校的附近，各种聚会上……很多场所都会看到三三两两穿着中学校服吸烟的学生。

孩子进入青春期以后，生理和心理上的变化从某种程度上加速了他走上吸烟的道路。他看着成年人叼着香烟吞云吐雾的样子，以为吸烟有着无穷的乐趣，很容易就会产生尝试的心理。处于青春期的孩子渴望得到别人的认可和尊重，都希望能够"吃得开"，有的孩子看到朋友或者同学已经"入行"，出于"合群"的考虑，他也会跟着"入行"。

案例

一个星期天，赵红和朋友逛街时，不经意一瞥竟然在街上看到了儿子小军。他身上挎着一个大书包，站在唧唧喳喳的人群中间，左手插在裤兜里，右手夹着一支烟，一副很不屑的样子。赵红看到这一幕简直惊呆了，她做梦也没有想到儿子竟然会吸烟。她真的很想上去一把抢过儿子手里的烟狠狠地摔在地上，然后再甩儿子一大嘴巴子，但是她想想这是在大街上，是公共场所，如果自己太鲁莽，会让孩子下不来台，也很容易刺激孩子的叛逆心理，或许孩子翻脸不认人那也不一定呢。想到这里，赵红就临时忍下了一口气，心想回去让他爸爸收拾他吧。

可是，赵红也有些不明白，自己平时一直都和儿子念叨着吸烟的害处，怎么他还是明知故犯了呢？

各种"吸烟有害健康"的宣传往往让孩子觉得很不屑，甚至可能引起他的逆反心理，反而刺激他对吸烟这种行为产生更大的好奇心，并且在这种好奇心的驱使下开始尝试吸烟。

步入青春期以后，孩子的情绪更加不稳定，学习、生活以及身体的变化带来的各种压力很容易导致其心理失衡或者情绪出现更大的波动。这时，如果没有合适的排遣方式，吸烟、喝酒便成了他解闷、发泄的最好途径。即使父母、老师或者朋友主动去关心、帮助他，他也不一定会配合，他总认为"我是大人，我的地盘我做主"。

在大多数烟盒的侧面都印着"吸烟有害健康"这六个字，用以提醒烟民珍爱健康，可是有很多人宁愿"危害健康"，仍然烟不离手。从生理的角度讲，青少年正处在生长发育的关键时期，身体的各种组织和器官还比较稚嫩，非常容易受到外界有害物质的侵扰。除此之外，吸烟还会影响到青少年的中枢神经系统，对大脑的学习能力和记忆能力产生负面影响。

专家支招

建议一：对孩子讲明吸咽的危害

吸烟对青春期的孩子影响极大，对他的身心健康都会产生不良影响，但是由于青春期的孩子叛逆心理强烈，不太容易接受父母的意见或建议，所以父母首先要明确地告诉他吸烟的种种危害，然后再慢慢诱导他逐渐改掉这种坏习惯，一定不能粗暴地制止。

父母要在恰当的时候明确地告诉孩子香烟中含有的有害物质，以及它对孩子身体的具体危害。比如，尼古丁等对呼吸器官的机能有巨大的破坏作用，易使人患呼吸道疾病，影响身体健康等。

案例

宋硕是一位初三学生，父亲是地道的烟民。放暑假的时候，爸爸妈妈都去朋友家了，宋硕自己在家也没意思，看到窗台上爸爸没抽完的"长白山"，就动起了吸烟的念头。没想到刚没吸两口，就被中途回来的爸爸逮个正着。爸爸二话没说上来就把儿子手里的烟摔到地上，并且大骂了一声："你个没出息的东西！"宋硕跳起来对爸爸说道："怎么了？大惊小怪的干嘛呀，你不是也天天都抽吗？"爸爸听了宋硕的话更加生气了，怒道："混账！我是你老子，你怎么说话呢？""就这么说话了！爱咋地咋地，管我之前先管好你自己吧。"说完宋硕就出了家门。

晚上12点多，宋硕带着一身的烟味才回到家，妈妈还没有睡，宋硕见了妈妈低下了头。妈妈平静地说："回来了，过来，妈给你看一样东西。"宋硕走到了妈妈的身边，妈妈从一个袋子里拿出一本病例。"儿子，这是你爸的病例，你爸得的是肺癌。"妈妈声音有些颤抖地说。宋硕被妈妈的话吓了一跳，他接过病例仔细地看了看，医生诊断那栏那真的写着"肺癌"两个大字。"怎么回事啊？我爸身体一直不都挺好的吗？妈，你说话啊！"宋硕晃动着妈妈的肩膀大声地说道。"儿子，是真的，你爸一直不让我说，怕影响你学习。早上的事你爸都和我说了，他看见你吸烟真的特别生气，你爸的病就是吸烟造成的。他不想你步他的后尘，所以才那么生气的，幸好你爸这是肺癌早期，还有医好的可能。"宋硕这时恍然大悟，为自己的不懂事深深自责，他表示以后一定不会再抽烟了。

很多孩子由于这样或者那样的原因沾染了烟瘾，从而一发而不可收拾。对此，父母知道了以后切不可粗暴地制止，因为这不仅不会让孩子远离烟草，还会激起他的抵触心理，反而容易使孩子走上叛逆的道路。所以，父母应当选择合适的时机告诉孩子吸烟的害处，让他自觉地改掉吸烟的坏习惯。

在案例中，宋硕因为一时的空虚、寂寞，产生了尝试抽烟的念头，在爸爸说服教育无果的情况下，妈妈选择了一个合适的机会，让他从爸爸的病例中感受到吸烟的危害，这让他决心改掉这个坏习惯。

建议二：切断孩子可能沾染吸烟习惯的"传染源"

没有哪个孩子一出生就会吸烟，就喜欢吸烟，他都是受到一些"传染源"的影响之后，才渐渐地开始吸烟。所以要想让孩子远离烟草的伤害，父母就要切断孩子可能沾染上吸烟习惯的"传染源"。

案 例

阿良的家庭并不是很富裕，因此他非常珍惜自己的学习时间。平常充分利用在校时间，放假就去网吧参加网络课堂学习。看到儿子这么爱学习，父母非常高兴，但是他们也有另一方面的担忧：儿子经常出入网吧，会不会结交一些不良朋友？沾染上不良习惯？这种反面案例在他们身边可是比比皆是。

思来想去之后，阿良的父母决定用自己微薄的薪水为孩子买一台电脑，并联了网。买了电脑以后，阿良更加努力地学习了。当然，父母的担忧也就不存在了。

良好的成长环境是一股无形的教育力量，可以有效地避免孩子沾染吸烟、酗酒等坏习惯。在孩子生活的周围，没有吸烟者是最理想的生活环境，但又不太现实，可行的方法就是父母以身作则，不吸烟或者及时戒烟，对待孩子的吸烟行为不姑息、不迁就，也不要给孩子提供吸烟和买烟的机会。

建议三：帮助孩子把精力放在学习上

禁止孩子吸烟这只是治标不治本的事情，如果想要彻底断了孩子吸烟的念头，父母就要帮助孩子把精力集中到学习上来。大量事实表明，有吸烟行为的孩子一般都对学习没有兴趣，也就是说，学习不好的学生更容易出现抽烟、喝酒等行为。为此父母要引导孩子回到学习的正道上来，经常过问孩子的学习情况，及时鼓励孩子学习上的每一点进步，提醒孩子将主要精力和注意力放在学习上。

案例

李刚上初中以后，对学习就不怎么上心了，经常逃课打架不说，还和一些混混们学会了吸烟，这让他的父母很头疼。

后来在一次聊天中，李刚和爸爸说他的理想是成为一名军人。爸爸抓住了这一机会，对他说："儿子，你想当一名军人，我和你妈都不反对，而且会很高兴，也为你的伟大理想而自豪。"李刚感激地看了看爸爸。爸爸不慌不忙地说："军人要有优良的素质和良好的生活习惯，像你这样整天逃课、打架、抽烟，怎么能成为一名合格的军人呢？"儿子听了爸爸的话说道："这我知道了，到时候我会改掉坏习惯，把烟也戒了。"爸爸接着说："儿子，你把戒烟看得太容易了吧，你不要忘了吸烟是会成瘾的。一旦养成了烟瘾，想戒就难了。你爷爷年轻的时候也和你一样，以为吸烟也没什么大不了的，结果一辈子也没戒掉。再说了，军校要求分数也不低，你现在天天逃课，以后想考上军校可能性就不大了。你明白吗？"李刚听了爸爸的话之后，使劲地点了点头。

几天后，李刚把烟和打火机都交给了爸爸，并且说："爸，其实我吸烟也是因为不想学习，感觉学习没啥意思，但是现在我有了目标，我要为将来考入军校而努力学习，我一定会改掉不良习惯，把烟戒掉，您就放心吧。"爸爸听了儿子的表态，欣慰地笑了。

李刚的爸爸从他的理想入手，劝说孩子放弃吸烟，把注意力重新集中到学习上来。这个方法父母们都可以借鉴。每个孩子的内心都有一个伟大的梦想，父母可以从孩子理想的角度劝说孩子恢复对学习的兴趣，这样既能让孩子改掉不良习惯，也能帮助孩子提高学习成绩。

三、 孩子酗酒， 父亲的作用是关键

析案明理

　　青少年酗酒已经成为一个社会性的话题。酗酒不仅危害个人健康，对社会也具有极大的危害性，因为从某种程度上来说，酗酒是一种病态心理或者生理异常行为，可能会导致更严重的社会问题。酗酒者通常通过酗酒来消除烦恼，减轻内心空虚、胆怯、愧疚等心理感受。步入青春期的孩子大都具有自制力差、好奇心强等特点，这些特点促使他们沾染上酗酒的不良习惯，甚至导致其他不良后果。当然，对此父母也不能粗暴干涉，因为这很容易激起他们的反抗情绪。

案例

　　家玮的学习成绩虽然一般，但是父母和老师都很喜欢他，因为在他们的眼中家玮是很听话的孩子，但是就是这样一个听话的孩子前几天半夜喝得醉醺醺地回来，还被妈妈撞到了。

　　那天，家玮放学后没有按时回来吃晚饭，父母以为儿子可能是去朋友家了，因为对儿子特别放心也没太在意。但是半夜两点多的时候，妈妈被关门的声音惊醒了，她就出去看了看。

　　妈妈看到儿子走路东倒西歪的，一进屋就把书包随便一扔，根本就没有在意父母是否已经睡熟了。妈妈感觉既难以置信又很生气，于是大声地问道："你这是跑哪儿'鬼混'了！"家玮听到妈妈的话抬了抬头，眯着眼睛迷迷糊糊地说："不用你管，我爱上哪儿上哪儿。"妈妈听到儿子的醉话更加生气了，大骂道："你说说你这都成什么样子了，一个初中生，喝得醉醺醺地从外面回来，成何体统！"家玮冲着妈妈咧嘴笑了笑，然后就回自己房间，倒头睡下了。

家玮这是怎么了？一直让父母很放心的他怎么突然学会酗酒了呢？现如今，青少年的酗酒行为已经不单局限于"不良少年"这个群体，许多被认为"安全系数很高"的优秀孩子也被卷进了这一漩涡。为什么会出现这一现象呢？这与社会大环境和家庭教育都有很大的关系。家长对社会大环境无力改变，但对孩子的教育还是可以尽自己的力量的。

专家支招

建议一：关心爱护孩子，严格禁止其饮酒

很多孩子酗酒是因为青春期的烦恼，比如失恋、学习成绩不好或者其他方面的不顺利等，然后便借酒浇愁。因此，父母要多和孩子交流，及时了解孩子思想上出现的各种苗头，在生活上也要关心孩子，让孩子感受到家庭的温暖、父母的呵护。这样，父母才能和孩子建立深厚的感情，而孩子才会主动地和父母说出自己内心的想法，并且愿意接受父母的教导。

青春期孩子都喜欢广交朋友，父母应该对此监督引导，以免孩子交到品行不端的朋友，沾染上不良的生活习惯。有的父母却有意培养孩子的酒量，因为他们觉得孩子酒量越好，以后在社会上就越"吃得开"，越容易交到朋友。这种想法是错误的，父母的纵容将会导致孩子不把喝酒当回事，开始是小饮，渐渐地就变成酗酒了，这对孩子的健康带来很大的危害。所以，父母在这件事上一定要对孩子严格要求。在日常生活中，不给孩子提供喝酒的机会。节假日或者亲友相聚时，也不要迁就孩子喝酒的要求，可以让孩子喝其

他饮料，来替代酒类。

案例

    小可今年只有13岁，但是酒量却很是惊人，小小年纪就有了"酒鬼"的称号。他曾经在一次家庭晚宴上把叔叔们都喝倒了，而他竟然"没事儿"。

    但是，有一次小可在晚饭过后觉得身体非常难受，父母急忙把他送到医院，医生经过检查发现，小可患了胃穿孔，只好住院治疗。医生告诉小可的父母说，小可的胃穿孔是因为长期饮酒过度造成的。小可的父母听后十分痛心，他们后悔纵容儿子喝酒。

    大家都知道饮酒可能会麻痹人的神经系统，但怎么会造成小可的胃穿孔呢？因为大量的酒精会给胃黏膜带来侵蚀性的伤害，长此以往，伤及胃部肌层，最终导致胃穿孔。所以，对孩子饮酒这件事，父母一定不能掉以轻心。

    值得注意的是，现在生活的快节奏使父母和孩子之间的交流时间大大减少，而很多父母又习惯用金钱来"补偿"孩子。殊不知，宽裕的生活条件和低频率的沟通，更容易让孩子沾染上不良的生活习惯，如抽烟、酗酒等。因此，多给孩子一些关爱，也是避免其酗酒的一个重要前提。

建议二：让孩子远离酗酒，父亲应当发挥作用

    很多父母表示，在现实生活中孩子一般都和母亲有良好的沟通，而和父亲沟通较少，所以他们认为，在家庭教育中母亲应占主导地位，其实这种观念是不正确的。古人云"严父慈母"，这也说明父亲和母亲在家庭教育中具有同等重要的地位。尤其是在烟酒方面，父亲的言行对孩子的影响最大，所以父亲应当在这方面充分发挥作用。

案例

    岳涛很早就学会了抽烟喝酒，他深刻体会到烟酒对身体的危害，所以非常注重教育儿子远离这些不良习惯。他觉得自己身为父亲要为孩子做好表率作用。自从儿子出生以后，他就把烟和酒都戒了，尽管过程很难。儿子进入

青春期以后，他更加提高了警惕。

一次，儿子放学回来以后问他："爸，酒好喝吗？"岳涛听到儿子的这个问题，就皱起眉头，想了想，然后对儿子说："说实话，不好喝。你想尝尝？"儿子回答道："也不是，过几天有一个同学过生日，他说请我们班同学吃饭，而且有和我喝两杯的意思。我也没看你在家喝过啊，就想问问。"岳涛明白为儿子解答这个问题的重要性，于是决定认真地和儿子讲讲这件事："儿子，其实老爸年轻的时候也是烟酒不离手。"儿子疑惑地看了看老爸，似乎有些不相信。岳涛接着说道："但是那是因为你爷爷也是烟酒不离手。"说完岳涛就笑了出来。"那为什么我都没见过你吸烟喝酒啊？"儿子更纳闷了。"这不是为了你和你妈的健康着想吗？我抽烟喝酒，影响我的健康倒无所谓，但是那东西还危害身边的人啊！我不希望你们因为我的坏习惯而受到不良影响，那样太不值得了。""噢……"儿子恍然大悟，想了想又说道，"爸，我还想着过几天和同学喝几杯呢，照你这么说，我也别喝了，染上坏习惯就不好了。"岳涛对儿子说道："就是呗，老爸年轻时也没有注意过，后来遇见了你妈才开始注意的。你想想，爸爸被烟酒'毒害'那么多年，多不值得啊。"儿子听完这话，会心地笑了。

在上面这个例子中，我们可以明显看出，父亲在教育儿子远离烟酒方面的重要性。对于一般家庭而言，家庭中的父亲大多有抽烟、喝酒的习惯，而这种标志"男子汉"的习惯，更容易被儿子模仿，所以在这方面教育孩子，父亲应多下工夫。

建议三：发现孩子酗酒，重在引导

青春期的孩子会面临很多生理上与心理上的困惑，心态也容易失衡。在这种情况下，他们很容易沾染上酗酒之类的不良习气，这不仅会影响他们的身体健康，也有可能给社会造成一些危害。那么，当父母发现孩子酗酒以后应当如何处理呢？

父母发现孩子有酗酒行为时，要懂得正确引导。有不少父母，在孩子犯错之前不管不顾，放任自流，没有做好事前教育，而发现问题以后，要么迁就孩子，让孩子将错就错，要么打骂，粗暴制止。这些做法都是不对的，当发现孩子酗酒之后，父母应该重点分析孩子酗酒的原因，然后对症下药，积极引导。如果父母一味地指责处罚孩子，很容易让孩子产生逆反心理，使他在错误的道路上越走越远。

四、 不要让孩子沉溺于网络

析案明理

相对传统媒介而言，互联网作为一个新兴事物，更能吸引孩子的目光。在好奇心的促使下，很多孩子抱着试一试、看一看的心理接触网络。但由于他们正处在心理、行为上的变动期，价值观和行为方式尚未定型，与成年人相比，其自制性和自律性较差，因而一旦接触网络便难以抵制网络的诱惑，往往会被网上光怪陆离且层出不穷的新游戏、新技术和新信息"网住"，变成一个有"网瘾"的孩子。

案例

小芸的父亲疾病缠身，母亲长期在外做生意，她一直与爷爷奶奶生活在一起。由于疏于管教，她逐渐迷上网络，认识了很多网友，对外界充满了美好的向往。

由于家庭生活拮据，母亲很少回家，即使回家也经常和小芸的爷爷奶奶为钱的问题闹别扭。在一次母亲与爷爷奶奶激烈的争吵之后，小芸离家出走了。

原来小芸在学校不受重视，回家也是感到很压抑，就经常上网，通过网络来排解压力。在网上，她结识了一些有出走经验的网友，其中一名外地的网友还给她提供了很多建议。

出走期间，小芸还一直和这名外地的网友保持联系，随时请教"秘诀"。小芸先从老家来到苏州，再到上海，后来又到了深圳，打算找份工作养活自己，也让爷爷奶奶过上好的生活。

小芸出走后，妈妈每天以泪洗面，虚弱得要扶着墙走路。妈妈心里更是充满了悔恨："女儿平时在学校成绩不是很好，我就怪女儿不争气，老是骂她。再加上家里生活困难，平时我很少给女儿买衣服、买玩具，没有满足她的一些要求。"

网络是青少年的精神避难所。当一个孩子沉迷网络时，家长不应该去指责网络，而应该先去反省自己的家庭教育和亲子关系，审视自己的教育方式和言行举止是否伤害了孩子，是否让孩子感到失落和无助。没有哪一个孩子是自甘堕落的，只是父母没有找到症结的所在而已。

专家支招

建议一：告诉孩子一些网上交友的注意事项

父母与其费尽心思阻止孩子上网聊天，还不如直接告诉孩子一些网络交友的注意事项及原则。因为，很多时候，即使在家里上不了网，孩子还可以去网吧上网。要知道，网吧可是个鱼龙混杂的地方，更能增加他受骗上当的可能性。因此，明智的父母不应阻止孩子上网聊天，而是要告诉他一些网络交友的注意事项。

案 例

在小晴刚刚开始学习上网聊天时，父母就明确地告诉他：网络是一个虚拟的空间，许多网民的姓名、单位、年龄等资料都是虚假的，所以不能轻易地相信网上的任何人，否则，很有可能会落入坏人的圈套中，让自己遭受伤害。

同时，父母还给她制定了网络交友的原则：

第一，故意与你聊有关色情的内容、给你看色情网站的人不是好人，不要和他聊天。

第二，总是故意找各种借口向你借钱的人不是好人，不要搭理他。

第三，总是找机会想与你见面的人不是好人，一定不要答应他的要求。

第四，总是无缘无故向你打听家庭情况的人不是好人，千万不要泄露任何信息。

……

建议二：面对孩子的"网恋"，要理性对待

一听说孩子正在"网恋"，很多父母往往难以控制自己的情绪，首先采取打骂等过激的处理方法。事实上，父母的这种做法不但收不到良好的效果，反而容易导致孩子产生离家出走或更快地投入网上那个虚拟情人的怀抱等过激的反抗行为。

也就是说，面对孩子的"网恋"，父母首先要做到的应是理智，理智才能了解孩子"网恋"的原因，继而从根源上解决孩子"网恋"的问题。

一位妈妈曾这样讲述她教育孩子走出"网恋"的经过：

案例

有一次，女儿上网聊天过后忘记了关对话框，联想到最近女儿上网频率增多，而女儿正处于青春期，我并没有帮她关掉那个对话框，而是悄悄地查看了一些对话内容。看完后，我大吃一惊，13岁的女儿果然在"网恋"！

我真想立刻找女儿问个明白，但我没有那么做，而是极力地控制住自己的情绪，很平静地跟女儿说："妈妈刚才帮你关掉了对话框，并随便看了一些内容，你告诉妈妈究竟是怎么回事好吗？"女儿看我并没有生气，便对我讲起了她的故事。

看着面前的女儿，我知道她的自我保护能力还很差。于是我跟她说："你已经不再是小孩子了，因而你要学会自我保护。现在网上的坏人正打着

交友的幌子，骗财骗色！"接着，我又给女儿讲了其他孩子因为网恋而受伤害的案例。过了一段时间，女儿上网的时间慢慢地减少了，更多的时间是坐在书桌前看书学习。

对于青春期孩子来说，他容易"网恋"往往是由一定的心理需求引起的。比如，渴望了解异性、寻找精神寄托、转移学习压力等。只有充分地了解孩子"网恋"的原因，父母才能顺藤摸瓜，对症下药，引导孩子心甘情愿地走出"网恋"。

建议三：制定一份电脑使用规则

对于孩子来说，她们一般还是会相信父母的权威的。因而在父母制定的规则约束下，她们犯错误的可能性就会小很多。同时，在必要的时候，父母还应采取强制措施来引导孩子学会在网络中该怎样进行自我保护，并通过一些真实案例向孩子讲明自我保护的重要性。

案例

考上重点中学之后，莉莉的父母便抵不过莉莉的软磨硬泡，终于给她买了一台电脑，并安装了宽带。怕莉莉整天沉迷于网络中，不再用心学习，明智的父母首先给她制定了一份电脑使用规则：

第一，电脑首先要以学习为主、娱乐为辅。

第二，电脑平时要放在客厅里，没有特殊情况不得移位。

第三，平时每天使用电脑不得超过2小时，双休日、节假日、寒暑假每天不得超过3小时。

第四，不论是网上下载的游戏还是买来的游戏软件，都要经过爸爸审查。

第五，不把有关家庭的信息暴露给网上的陌生人。

第六，在网上遇到他人骚扰等麻烦事立刻与爸爸商量，如果爸爸不在家，就立即关闭浏览器。

第七，如果使用者违反上述规则，视情节轻重，处以减少使用电脑时间或在一段时间里停止使用电脑的处罚。

事实证明，一段时间过后，在规则的约束下，莉莉并没有荒废学业，在使用电脑和上网方面也很少出现问题。

建议四：要帮助孩子拓展网络的积极作用

任何事物都是有利有弊，相辅相成的，网络也是如此。只要拓展网络的积极作用，并利用得当的话，网络不仅可以开拓孩子的眼界，提高孩子学习的成绩，更可能会成为父母和孩子之间沟通的桥梁。尤其是对那些内向、害羞的孩子来说，网络是他们向父母吐露心事的最好途径。

案例

最近，刚上初中的乐乐迷上了上网，而乐乐的妈妈因工作原因，经常"触网"，知道网上有些东西对孩子有害。现在，看到女儿乐乐迷恋上网。这让妈妈非常担忧：强制不让她上网，可能会适得其反。那么，又有什么良策呢？经过仔细考虑，妈妈决定偷偷做一回女儿的网友。

几经旁敲侧击、斗智斗勇，妈妈终于了解到乐乐常上的网站和她的QQ号。于是，妈妈加上了乐乐的QQ号，和她成了知心网友。在网上聊天的过程中，那些不愿意告诉现实中妈妈的话，却全告诉了网络中的妈妈。当然，妈妈也给予了乐乐不少鼓励和引导。就这样，妈妈走进了乐乐的心灵世界，成了她的精神支柱。

事实的确如此，通过网络这个良好的沟通渠道，父母能时时掌握着女儿的心理动态，把握着她的成长方向，让她成为一个热爱学习、明辨事理的好孩子。

建议五：安装保护软件，净化网络环境

网络上的那些黄色、暴力内容，对于青春期孩子来说，其危害是巨大的，也是最难防范的。所以，在孩子上网之前，明智的父母应先购买相关软

件，设置在自己家的电脑上，尽可能地清理网络"毒素"，给孩子一个干净的网络世界。

建议六：要与时俱进，学会上网"冲浪"

父母应明白这样一个事实：如果你不了解网络，只懂得用片面说教来阻止孩子放弃网络世界的话，恐怕只会收效甚微。也就是说，父母与其为孩子沉迷网络而担惊受怕，还不如与时俱进，自己也学会上网"冲浪"。这样，在领略网络世界中迷人风光的同时，还能帮助孩子提前探测一下各式各样的"美丽陷阱"，何乐而不为呢？

五、 让孩子变偶像崇拜为青春的动力

析案明理

偶像崇拜，是青少年时期的一种标志性行为表现。因为年轻，对未来充满激情与幻想；因为思想、性格处于发展的不完善阶段，极需要榜样的力量作为前行的标杆、学习借鉴的力量、内心成熟的动力。因此，青少年追星是很正常的事，它反映的是青少年的成长需求。

案例

2005 年 8 月 25 日是超级女声决赛的前一天，这天北京街头掀起了歌迷为自己喜欢的选手拉选票的活动。参与活动的几乎都是十几岁的在校学生："为这个选手投一票吧，花的钱对你来说并不多，票数对我们却很重要！"

"超级女声"像一阵飓风，迅速刮遍大江南北。李宇春、何洁、张靓颖这些人所到之处，无不引来粉丝们的大声尖叫、起哄，有的人甚至激动得"热泪盈眶"。有的学生逃课去听明星的演唱会；花费大量的金钱去给明星拉选票、买礼物。娱乐偶像像一颗炸弹投在平静的湖水里，在他们出现的地方挑起轩然大波。几年前闹得沸沸扬扬的追星事件的女主角杨某是甘肃人，她从 16 岁开始就痴迷刘德华，看遍了刘德华所有的影片，唱遍了刘德华所有的歌曲。起因是当时辍学在家的杨某有一天晚上做梦梦见了刘德华，从而便开始了 13 年的疯狂追梦。杨某虽然疯狂喜欢刘德华却坚持称自己不是刘德华的粉丝，而是因为做梦产生了感情。也就是从那天开始，杨某不上学也不工作，一心只想见刘德华，她的父母劝阻无效后，更是不惜倾家荡产地支持她。1997年9月杨某第一次随旅行团到香港找寻刘德华，失望而归。

10年后，杨某一家三口借了1.1万元钱，于2007年3月19日再次来到香港。25日，在香港观塘"华仔天地"工作人员的帮助下，杨某参加了有刘德华参与的一场聚会，在这里杨某和自己的偶像合影留念。当夜他们一家三口就在一个24小时营业的快餐店内落脚。26日凌晨，杨某和母亲一觉醒来后却发现父亲不见了，只留下一封遗书。随后香港警方在尖沙咀附近的海域打捞到了杨某父亲的尸体。

杨父的死应该说跟他女儿的疯狂追星有很大的关系，面对如此疯狂的女儿他已经不知该如何去教育了。也许只是一时的冲动和茫然，一个生命却从此告别了人间的一切。

我们也都曾经年轻过，也都曾经怀揣过偶像，度过自己的青春期。一代人有一代人的偶像，一代人有一代人的英雄。崇拜偶像并没有错，但如果太过疯狂、太过没有分寸，除了会给自己带来失败，没有别的作用。

专家支招

建议一：正确看待孩子"追星"

孩子崇拜偶像，是个体成长中的必然现象，要求青少年拒绝偶像是很不现实的。大多数孩子的"追星"大部分时候仅限于收藏几张他喜欢的"星"照贴在床头，或者听该"星"演唱的磁带、碟片，或偶尔花钱买票听该"星"的演唱会，搜集该"星"的一些生活资料……如果孩子的追星仅限于这些，父母就不应该横加干涉。孩子的学习压力很大，紧张的学习之余，听听流行歌曲，可以让学习、生活变得更加丰富多彩起来。这样也有利于孩子的健康成长。

建议二：让孩子把崇拜转化为激励

"追星"实际上是一种榜样的认同和学习，提供什么样的榜样或展示什么样的榜样对青少年的成长十分重要。青少年往往把崇拜的明星当作自己人生发展的楷模、参照系以及心灵寄托。父母为孩子提供的榜样应该是富有责任感和奉献精神、能够创造有价值文化的楷模，而不仅仅是那些外表靓丽、风度潇洒、收入丰厚、生活优越的明星。父母可以对孩子自发产生的"偶像崇拜"心理和行为进行合理的干预，也可以利用有学习价值的英雄形象来为孩子创造另一种明星效应。父母还可以为孩子的某些特长搭建实践的舞台，让孩子体会到成功的快乐，把孩子的"追星"转化为对成功的自我激励。

案例

小雨正在上初中，特别迷恋周笔畅，还在学校里组织"笔迷"团，支持心中的偶像。

回到家，小雨还鼓动爸爸妈妈为周笔畅投票。看着小雨如此疯狂，妈妈有些不解：这么狂热地喜欢明星，是不是有点儿过头了？虽然有很多疑惑，但妈妈并没有对小雨发难。

一天晚上，小雨在看超女比赛，电视里周笔畅正深情地演唱，小雨看得目不转睛。

妈妈悄悄地坐到小雨身边，说："我也来看看，我女儿这么喜欢的歌手一定有她的过人之处。"

小雨马上兴奋起来："笔笔的歌唱得一级棒，有一次她唱的歌把评委都感动得哭了。她的粉丝团叫'笔迷'，我也是超级笔迷……"

听着小雨滔滔不绝的话，妈妈知道了周笔畅在小雨心中的位置。

于是，妈妈认真地听了周笔畅的歌，发现她的唱功很好，感情也很真挚，妈妈也对这个孩子萌发了好感。

周笔畅成了妈妈和小雨经常谈论的话题。她们了解到周笔畅不仅歌唱得好，而且还精通钢琴、架子鼓、小提琴，字写得也非常漂亮。

渐渐地，小雨从最初迷恋周笔畅的歌声深入到钦佩周笔畅的多才多艺，而且妈妈发现小雨学习比以前认真了。妈妈还看见小雨常常练习书法，说既然自己那么喜欢笔笔，字不应该写得太差了。

妈妈和小雨成了无话不谈的好朋友，谈论的话题从周笔畅开始，逐渐延伸到她成长中的很多方面，她们谈到了理想、未来这些以前从未谈过的话题。

妈妈对小雨多了很多了解，小雨也对妈妈多了很多理解。

前段时间，超女来小雨家所在的城市举办演唱会，小雨说想去现场一睹笔笔的风采，妈妈马上答应了。

小雨说："妈妈，我们家并不富裕，不要买那么贵的门票，因为笔笔告诉笔迷："即使大家买的是50块钱的票，我也看得到大家。"

这一刻，妈妈觉得小雨真的长大了。

这位妈妈很了不起，她尊重女儿、理解女儿，在和女儿共同了解偶像的过程中，她挖掘了偶像的榜样作用，让偶像的力量激励孩子成长进步。

作为父母，完全可以像这位妈妈一样正确引导孩子，让孩子在追星中健康成长。

建议三：和孩子一起追星

孩子正是喜欢追星的年龄，喜欢娱乐是孩子的天性。孩子"追星"实际上是一种理想中的天真，也是一种激情中的盲目。父母只有了解了孩子追的"星"，才可以和孩子谈"星"。父母对"星"发表的客观评论，对孩子的人生观与价值观的形成将起到潜移默化的影响。如果只是简单采取扔掉明星的CD、撕掉明星的相片等办法，不仅回头无望，也许还会酿成悲剧。有时间的话和自己的孩子多探讨一下他喜欢的明星的事情，或者跟孩子一起看这个明星的演唱会或者公益活动，让孩子拉近和你的距离。这时候你再说什么话，孩子也会表示听从的。

一为妈妈讲了自己的成功经验：

案例

她上初二的孩子迷上了周杰伦，甚至还留了一个和周杰伦一样的发型。因为太过于专注这些，学习成绩明显下降。可无论我怎样严厉批评，孩子都当成耳旁风。

一天晚上，我一觉醒来，发现孩子屋里的灯还亮着。我悄悄走进去，发现孩子戴着耳机睡着了。我摘下耳机一听，我给孩子买来学英语的 MP3 里响着的却是周杰伦的歌。当时我真想拉起孩子狠狠地教训她一顿。可转念一想，也许正是以前的教育方式让孩子学会了"打掩护"。我一夜未眠，天亮时终于想到了对策。

第二天，女儿发现秘密泄露了，觉得有些不好意思。可我却显得对周杰伦很感兴趣，主动在家里放上了他的歌曲《蜗牛》。孩子很快就被这首旋律清新、内容上进的歌曲感染了，不自觉地跟着哼了起来。见此情景，我不失时机地说："喜欢一个明星，要看他的哪些方面更适合自己模仿，更适合自己学习。"听了我的话，孩子若有所思地垂下了头。

没过几天，孩子就把头发剪短了，后来还从她的笔记本上看到了《蜗牛》中的歌词：我要一步一步往上爬，小小的天有大大的梦想……

现在我经常和孩子一起看她喜欢的明星的演唱会或者其他公益活动。2005 年，超级女声比赛还没结束，李宇春的"明星照"就被我买了回来。平时一起看电视时，我经常跟孩子开玩笑说："这期有没有你的'呕吐对象'呀？"孩子有时哈哈一笑说没有，有时则大方地说自己喜欢这个明星。这时，我和丈夫就会问孩子："他（她）哪里表现得好？讲讲你喜欢的理由给我们听。"讲得对，我们俩就一起分享；讲的理由不够充分，我们夫妻俩就和孩子一起分析评判。这样，既给了孩子充分的自由，又让孩子更进一步明白了该怎样追星、到底要追些什么。

如今女儿现在已经上了高一，不但成绩优异，各方面也都齐头并进。

这算得上是个超级成功的教育案例。任何一个做父母的看到自己的孩子"不务正业"，都会觉得很难过。就像这个妈妈以前遇到的情况一样，打骂在很多情况下是不会起作用的，而像杨氏的父母那样溺爱也不会收到什么好的结果。关键是要找准切入点进行引导，让孩子自我认识、自我调整，从明星身上找到适合自己学习的闪光点。